gai Shivadron • Federico Seymandi • Paola Silva Coronel • Trond Sonnergren • Riccardo Spagnol • Andrea

Porchera • Stefano Prina • Ewa Puchalska • Enrico Quell • Livio Rabasco • Viviana Radaelli • Banafsheh Razavi • Gerhard Reichert • Martin Reichuber • Elena Riva • Federico Riva • Roberta Rizzoli •

Giorgio Trav • Alessia Tosini • Laiza Tonali • Caterina Terribile Chianese • esca •

Sergio Virdis • Bonaventura Visconti di Modrone • Sang Yeun Lee • Paolo Zasso • Rolando Zorzi

Francesca Vincenzo • Villani • Francesca

Werner Aissinger • Sezgin Aksu • Felipe Alarcao • Marco Ammannati • Davide Angeli • Manuela Antonante • Taku Arai • Bastiaan Arler • Patrizia Attene • Funda Atun • Susanne Backer • Marghe

Simona Agabio • Marco Franz Vaccara • Evelien van Veen • Michele Vanetti • Federica Vasintoni • Etien Veeman • Elisa Vendramin • Claudio Venerucci • Emmanuele

Andrea Bernardinello • Riccardo Berra • Gilles Berrino • Nicholas Bewick • Alberto Bianchi • Marcello Biffi • Stephanie

Alessandra Fagioli • Zaira Faravelli • Barbara Farina • Lisa Farmer • Lorenzo Fattorel • Paolo Ferole

ia Di Vincenzo •

Geert Koster • Masahiko Kubo • Leonie Kutschale • Luca La Torre • Giovanna Latis • Ferruc

Mancini • Luca Mariotti • Michele Marozzini • Massimiliano Martini • Simona Martino • Alessandro Masturzo • Aya Matsukaze • Masayuki Matsukaze • Olivier Maupas • Filippo M

• Giorgi Khmaladze • Sibylle Kicherer • Johannes Kiessler • Sanae Kimura • Julia Kleiner • Geert Koster

• Laura Negrini • Amabilia Nichetti • Filippo Nicolini • Philippe Nigro • Ida Osnaghi • Francesco Otgianu •

Marta Balestri • Nicholas Banks • Giacomo Baranzini • Jonathan Barnes • Pio Barone Lumaga • Paolo Bassetto • Gregoire Beetz • Luca Bellingeri • Andrea Bernardinello

Irina Dikhaminjia • Agnieszka Drews • Simone Drost • Ottorino Ermacora • Gladys Escobar • Francesco Faccin • Alessandra Fagioli

• Maddalena Molteni • Roberto Monti • Simon Morgan • Cristina Moro • Emilio Mossa •

Andrea • Laura Parolin • Francesco Paolini • Filippo Pagliani • Aybala Oz •

ranco Perotti •

Claudia Pescatori • Rossella Picc

Michele De Lucchi & AMDL CIRCLE

Connettoma

Sinapsi di architettura umanistica

Michele De Lucchi & AMDL CIRCLE

Connettoma

Synapsis of humanistic architecture

SilvanaEditoriale

Connettoma

IT

Questa volta cominciamo dalle immagini che ci rappresentano, dense di dettagli, vibranti di progettualità e sospese in un'atmosfera di umanistica collaborazione. Quelle stesse immagini che si generano nella mente di chi entra negli spazi dello studio AMDL CIRCLE. In punta di piedi! Chi entra partecipa dell'atmosfera circolare che si respira, è spettatore e protagonista della trasparenza tra le sale riunioni e le postazioni di lavoro. Dappertutto prevale il segno di progetti e idee in continuo divenire. Schizzi a matita, grafici sui monitor, fotografie e prototipi hanno uguale valenza. Nello studio sono esposti i frutti di un lungo lavoro, gli avanzamenti dei progetti in essere e tracce di idee consegnate a chi saprà svilupparle per diventare nel prossimo futuro architetture e oggetti reali.

Siamo in un laboratorio creativo, in una palazzina liberty di quattro piani che si trova nel quartiere Brera di Milano. All'interno la manualità, il pensiero e la redazione di disegni prendono forma per osmosi nell'incontro con il cliente, con chi viene in visita, con chi entrando nello studio guarda, immagina, pone domande e cerca soluzioni. La reciprocità del patto di ospitalità è all'origine del doppio significato della parola ospite, rara combinazione linguistica per cui chiunque è ospite e ospitato. Il passo per sentirsi bene in un luogo caldo, caratterizzato dal legno e pieno di umana scienza è breve. Poi si fatica a uscirne. Rimane il ricordo di un'esperienza di accoglienza la cui carica emozionale ci auguriamo si traduca in un grazie per la gentilezza.

Nel CIRCLE le idee progettuali nascono da molteplici motivazioni e non è sempre facile focalizzare gli attimi in cui si generano. Molte ispirazioni e soluzioni partono dall'osservazione di un dettaglio, colto e sviluppato fino a tramutarsi in qualcosa di nuovo. Così, il prototipo capovolto della gamba di un tavolo può diventare la soluzione architettonica dell'alzato di un edificio; una libreria a piani degradanti può diventare una torre; un arco portante può ispirare il disegno del braccio mobile di una lampada; mentre una texture grafica può determinare il ritmo della pelle che riveste una costruzione. Gli esempi sono tanti, frutto di una creatività che continua ad alimentarsi per connessioni. Contenuti che si influenzano a vicenda pur restando progettualmente indipendenti. Non sempre il legame è così logico e immediato, ma non ha importanza. Nel CIRCLE il potere immaginifico di ogni cosa è l'occasione per far scattare un'idea, generare l'ispirazione per una forma iconica o la risposta a un problema compositivo. Tutto è segno che può meritare un approfondimento e una riflessione successiva. In molti casi questo articolarsi di idee si svilupperà nei complessi processi della progettazione, altre volte rimarrà solo sulla carta: ma sempre stimolerà l'evolversi del pensiero.

Connettoma è un libro che restituisce questo mondo di connessioni, che si generano da immagini e creano altre immagini. Lo fa attraverso i progetti procedendo in una sequenza di sinapsi visive, ovvero quei collegamenti che la mente costruisce mettendo insieme tutti i ricordi, tutto quanto sta archiviato nel cervello in termini di emozioni, immagini, pensieri. Il *Connettoma* è la mappa infrastrutturale che racconta la rete di immagini attraverso il passaggio di scala, dal grande al piccolo e viceversa, la ripetizione di elementi, come scandole e doppie pelli, la cura dei dettagli, come smussi e incastri che determinano equilibri formali e strutturali. I collegamenti sono anche di tipo visivo e di atmosfera, procedono per rimandi da sfogliare nelle due direzioni, avanti e indietro, nascono dalla ricerca di raccolte fotografiche in archivio o tratte dal web. E magari sinapsi temporali che scaturiscono dalla memoria dei luoghi e dalle esperienze dell'abitare.

Connettoma è un libro non-libro che racconta per immagini l'atmosfera di un modo di operare e la sua interiorizzazione quale occasione generatrice di creatività.

Connettoma

EN

This time we are starting from the images that portray us—images that are full of detail, bursting with design ideas and suspended in a humanistic atmosphere of collaboration. The same images that are conjured up in the minds of people who step into the spaces of the AMDL CIRCLE studio. Gently does it! When people enter, they participate and breathe the atmosphere that flows and pervades each space, becoming spectators and actors in among the meeting rooms and workstations. Everywhere there lies evidence of projects and ideas in continuous flux. Pencilled sketches, graphics displayed on monitors, photographs and prototypes: all of equal value. The studio shows the fruits of long hours of work, the progress of ongoing projects and the traces of ideas that have already been delivered to people who possess the expertise to develop them into real architectures and objects.

We are in a creative workshop, in a four-story Liberty building located in the Brera district of Milan. Inside, dexterity, thinking, and drafting of designs take shape through a process of osmosis with the client during meetings, with the visitor, with those who come into the studio and look, imagine, ask questions, seek solutions. The reciprocity of this pact of hospitality lies in the dual significance of the Italian word *ospite*, which means both host and guest. It is easy and natural to feel good in a place that is warm, characterized by wood and full of human knowledge, to the point that it might be difficult to leave. What remains is the memory of a welcoming experience full of emotional charge—something we hope is translated into gratitude for the spirit of benevolence.

In the CIRCLE, design ideas are triggered by a variety of catalysts and it is not always easy to identify exactly when they are generated. Many inspirations and solutions start from the observation of a detail, which is taken up and developed until it becomes something new. In this way, the inverted prototype of a table leg can become an architectural solution to support a building, a bookcase with tapered shelving can morph into a tower, a load-bearing arch can inspire the design of the swing arm of a lamp, and a graphic texture can define the rhythm of the skin with which to cloak a building. There are countless examples, the result of a creativity that feeds continually on connections. Contents influence reciprocally while always remaining independent design projects. The link is not always logical and immediate, but no matter. In the CIRCLE, the imaginative power of each and every thing is the chance to trigger an idea, generate the inspiration for an iconic form or the answer to a problem of composition. Everything is an indication that merits further investigation and reflection. In many cases, this expression of ideas will develop during the complex design processes, while in other cases it will stay on paper, but it will always stimulate an evolution in the thinking.

Connettoma is a book that displays this world of connections, which are generated from images and, in their turn, spawn other images. It does so through projects, proceeding in a sequence of visual synapses. These are connections made by the mind by collecting together all the memories, everything that has been stored away in the brain in terms of emotions, images, and thoughts. *Connettoma* is the infrastructural map that describes a network of images through transitions from one scale to another, from large to small and vice versa; through the repetition of elements, like shingles and double skins, the attention to details such as bevels and joints that determine formal and structural equilibrium. The connections are also visual and atmospheric, they are associations to be read in two directions, forwards and backwards, originating from searches in the archives of photograph collections or taken from the web. And maybe they are also temporal synapses that spring from the memory of places seen and lived experiences.

Connettoma is a book/non-book that uses images to narrate the spirit of a working method and its internalization as an opportunity to generate creativity.

→ Modellino del / Scale model of Medea Hotel, 2009

← Medea Hotel, Batumi, 2006–2011

↓ Armadio / Armoire *Estense*,
Design Gallery, 2009

← Cassettiera / Chest of drawers *Cavalcabò*, Design Gallery, 2011

↓ Progetto per la Cappella di Sant'Arialdo / Project for the Chapel of St. Arialdo, Angera, 2013

↓ Progetto per la Cappella di Sant'Arialdo / Project for the Chapel of St. Arialdo, Angora, 2013

→ *Concerto di gocce*, installazione / installation, Museo della Musica, Bologna, 2012

← *Concerto di gesso*, installazione / installation, Museo della Musica, Bologna, 2012

↓ Progetto per modulo a portale / Design for portal module, Sala Crociera della / of Ca' Granda, Milano, 2017

↓ Progetto per modulo a portale / Design for portal module, Sala Crociera della / of Ca' Granda, Milano, 2017

→ Rokko Silence Resort, caffetteria / coffee shop, Kobe, 2017– in corso / ongoing

↓ Rokko Silence Resort, Silence Ring, Kobe, 2017–in corso / ongoing

→ Modellino della sede Snam / Scale model of the Snam headquarters, 2018

← Progetto per sede Snam / Project for Snam headquarters, Milano, 2018

↓ *Doppia Pelle*, legno di noce / walnut, 2018

← *Doppia Pelle*, legno di noce / walnut, 2018

↓ Sedia / Chair *Filla*, Very Wood, 2018

↓ Sedia / Chair *Filla*, Very Wood, 2018

→ *Radici al vento testa nella terra*, installazione / installation, Orto Botanico, Padova, 2018–2019

↓ *Radici al vento testa nella terra*, installazione / installation, Orto Botanico, Padova, 2018–2019

→ Z-Life Zambon, Bresso, 2017–2019

← Z-Life Zambon, *Open Lamp*, Bresso, 2017–2019

↑ Lampada / Lamp *Melathron*, Artemide, 2014

← Lampada / Lamp *Melathron*, Artemide, 2014

↓ Akasheni Wine Resort, 2017– in corso / ongoing

← Akasheni Wine Resort, 2017– in corso / ongoing

↓ *Dentro Fuori*, installazione / installation, Arte Sella, Borgo Valsugana, 2017–2018

↑ *Dentro Fuori*, installazione / installation, Arte Sella, Borgo Valsugana, 2017–2018

→ *L'Anello Mancante*, installazione / installation, MAXXI, Roma, 2018–2019

↓ *L'Anello Mancante*, installazione / installation, MAXXI, Roma, 2018–2019

→ Edificio per esposizioni / Exhibition building, Novartis, Basel, 2017– in corso / ongoing

← Prototipo di facciata per edificio per esposizioni / Prototype facade for exhibition building, Novartis, Basel, 2017 in corso / ongoing

↓ Lampione / Street lamp *Venaria*, Consorzio La Venaria Reale, 2011

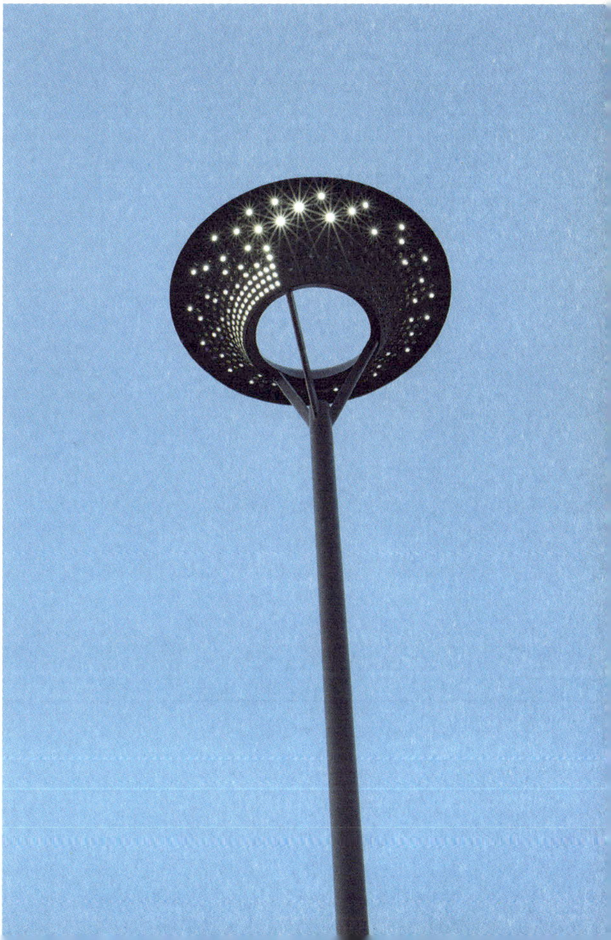

← Lampione / Street lamp *Crown*, iGuzzini, 2011

↓ Sedia / Chair *Donzella*, DePadova, 2013

↓ Sedia / Chair *Donzella*, DePadova, 2013

→ *Pianoforte Lirico*, Pleyel, 2011

↓ Vetrina / Display case *Art-présentoirs*, Pleyel, 2011

→ Installazione per il centenario di / Installation for the 100th anniversary of Poltrona Frau, Fondazione Pomodoro, Milano, 2011–2012

← Poltrona Frau Museum, Tolentino, 2011–2013

↓ Progetto per traliccio dell'alta tensione / Design for high-voltage pylon, Enel Distribuzione, 1998

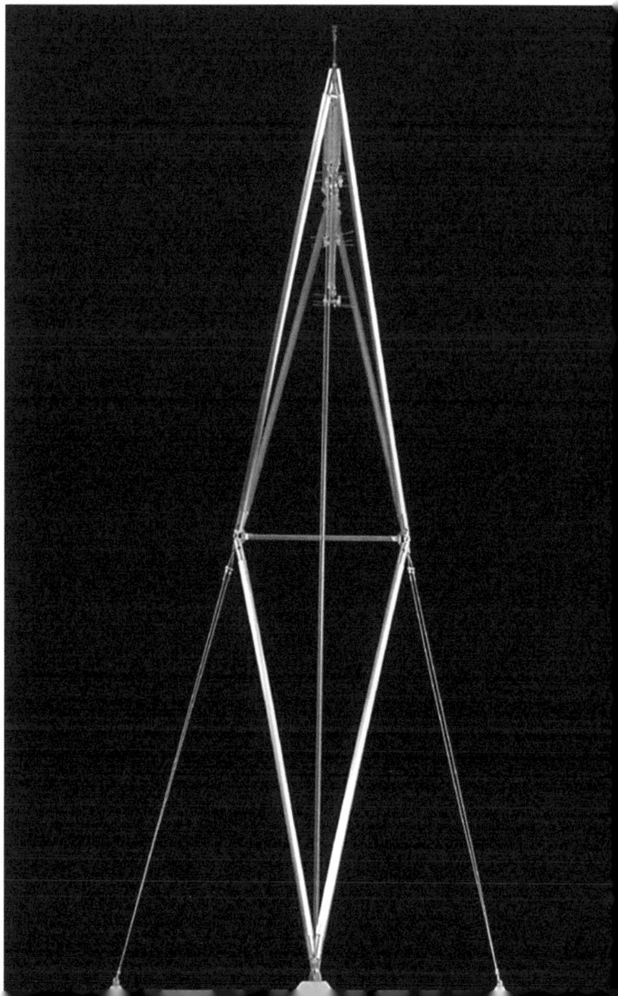

↓ Progetto per traliccio dell'alta tensione / Design for high-voltage pylon, Enel Distribuzione, 1998

→ Pala Expo Venice, Marghera, 2013–2015

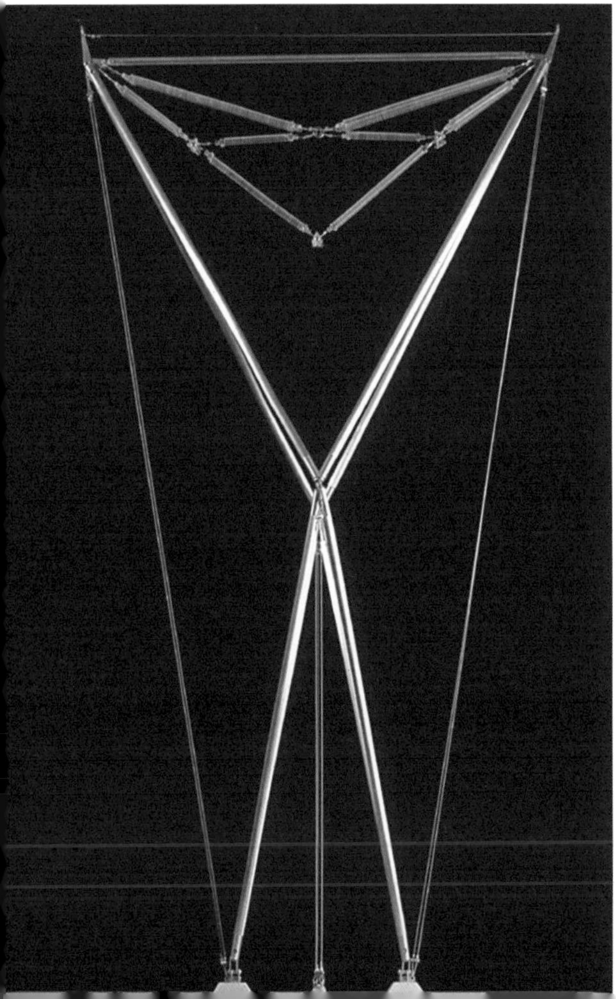

↓ Pala Expo Venice, Marghera, 2013–2015

→ Stand Artemide, Salone del Mobile, Milano, 2017

↓ Lampada / Lamp *Ipno Vetro*, Artemide, 2017

→ Sistema / System *Layout*, Alias, 2004

↑ Sistema / System *Layout*, Alias, 2004

→ Il Tronco, edificio per uffici / office building, Pforzheim, 2009–2012

← Il Tronco, edificio per uffici / office building, Pforzheim, 2009–2012

↓ Lampada / Lamp *Logico Garden*, Artemide, 2014

← Lampada / Lamp *Logico Soffitto*, Artemide, 2001

↓ *Urban Harbor*, installazione / installation, Ludwigsburg, 2015

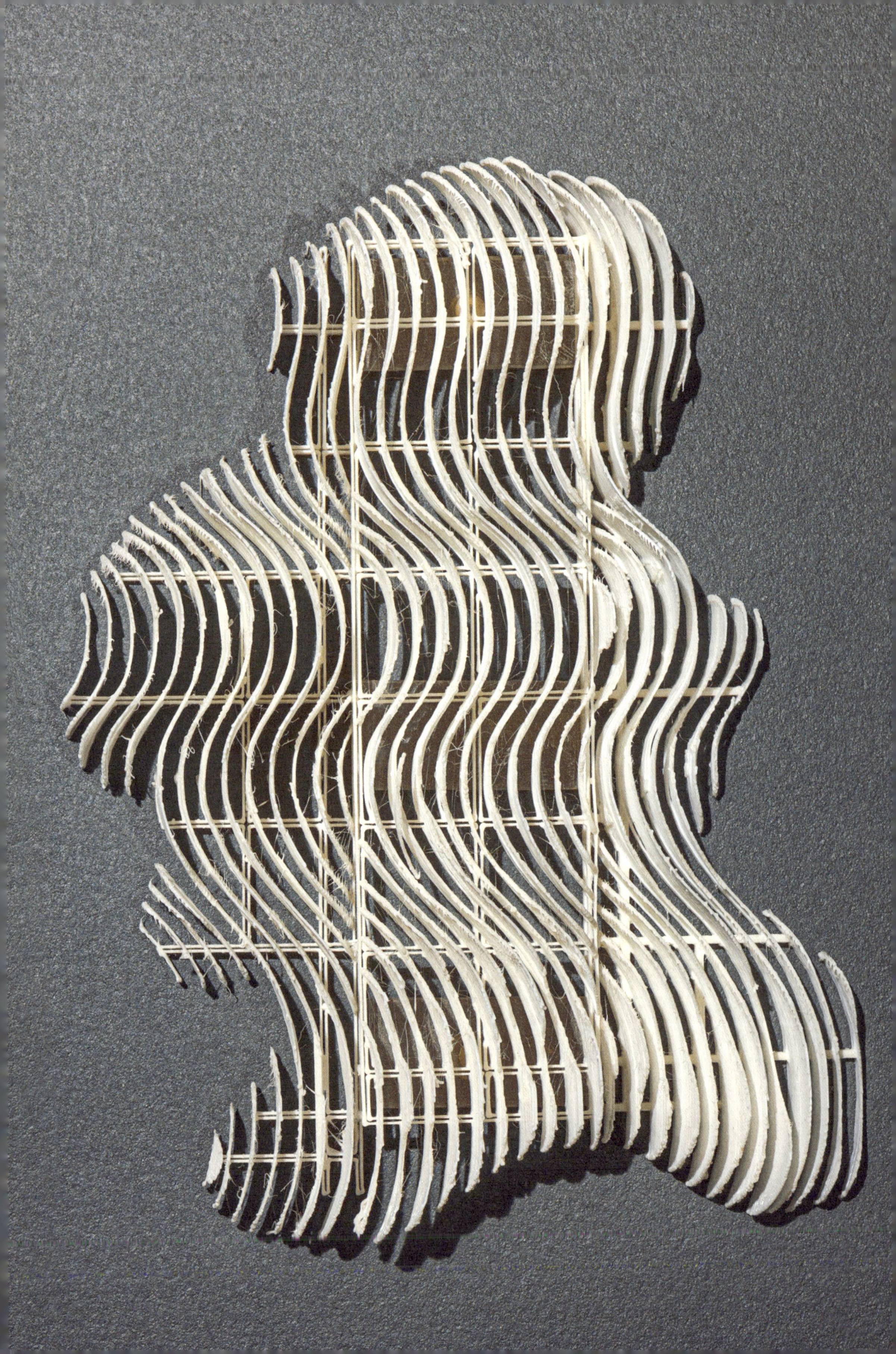

← Modellino di / Scale model of *Urban Harbor*, installazione / installation, Ludwigsburg, 2015

↓ Progetto per tavolo / Design for table *Pangea*, Riva 1920, 2015

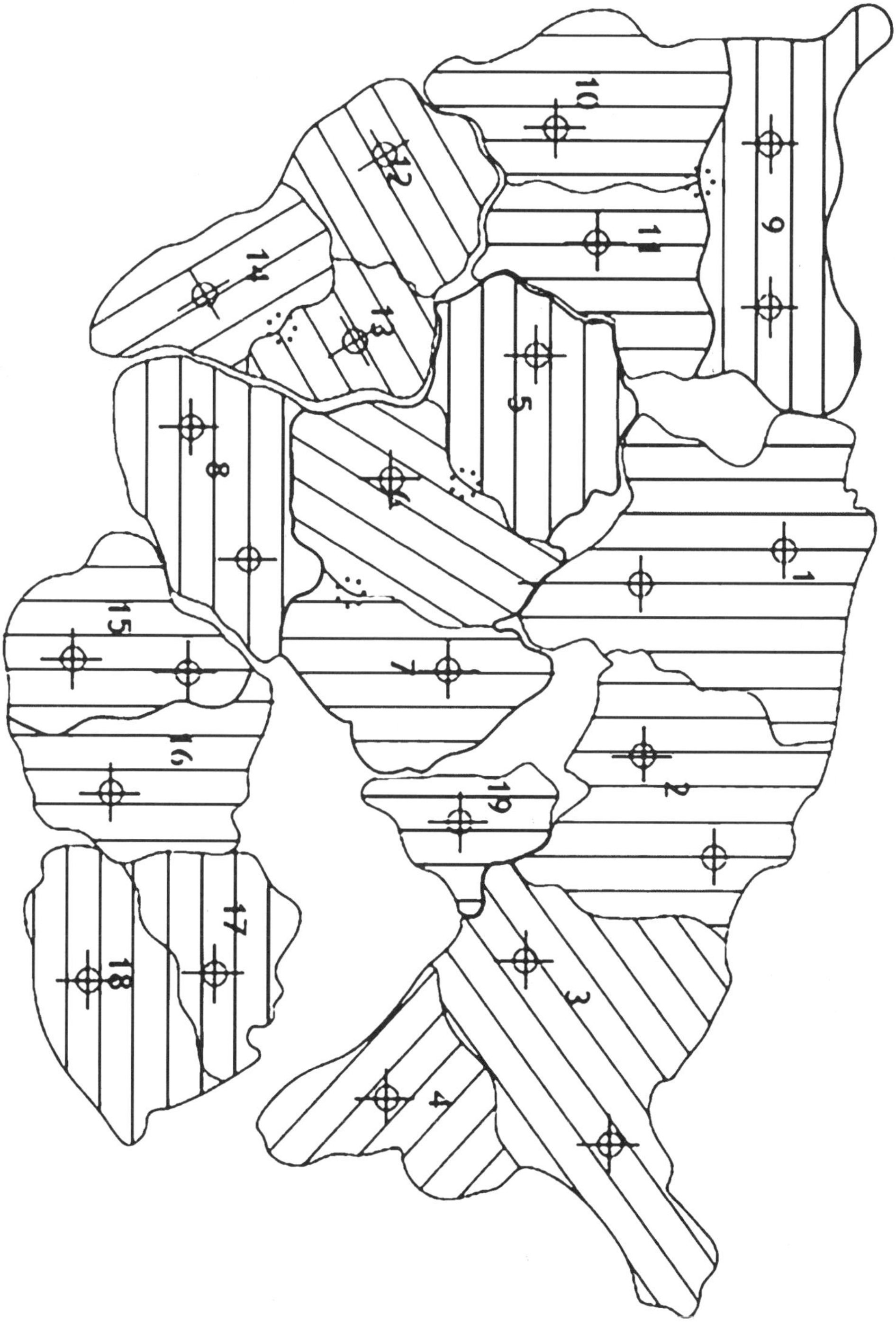

↓ Tavolo / Table *Pangea*, Riva 1920, 2015

→ *130*, Rubinetteria Stella, 2012

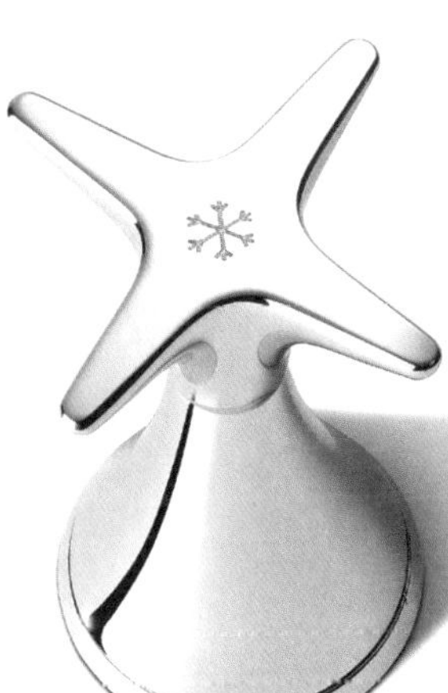

↓ *Titian*, Rubinetteria Stella, 2012

→ Sgabello / Stool *Astrati*,
Riva 1920, 2015

↓ Sgabello / Stool *Astrati*, Riva 1920, 2015

→ Expo Centre, Expo Milano 2015, Milano, 2012–2015

↓ Progetto per / Design for Expo Centre, Expo Milano 2015, Milano, 2012–2015

→ Ministero degli Affari Interni / Ministry of Internal Affairs, Tbilisi, 2006–2009

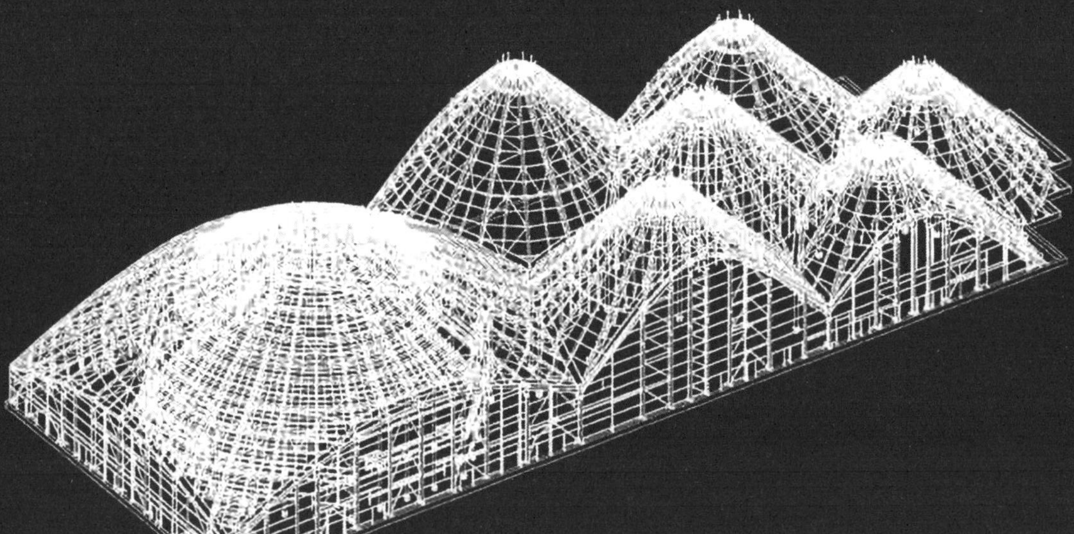

← Ministero degli Affari Interni / Ministry of Internal Affairs, Tbilisi, 2006–2009

↓ Sedia / Chair *Radetzky*, Gebrüder Thonet Vienna GmbH, 2015

← Vòce Aimo e Nadia, Gallerie d'Italia – Piazza Scala, Milano, 2018

↑ Residenze / Residences Masone 15, Bergamo, 2010–2015

↓ Residenze / Residences Masone 15, Bergamo, 2010–2015

→ Nuova Manica Lunga, Fondazione Giorgio Cini onlus, Venezia, 2005–2009

← Nuova Manica Lunga, Fondazione Giorgio Cini onlus, Venezia, 2005–2009

↓ *Creativity and Craftsmanship*, mostra / exhibition, Cenacolo Palladiano, Venezia, 2018

← *Creativity and Craftsmanship*, mostra / exhibition, Cenacolo Palladiano, Venezia, 2018

↑ Iper Maestoso, Monza, 2017–2019

← Iper Maestoso, Monza, 2017–2019

↓ Sede / Headquarters Alitalia, Aeroporto Leonardo da Vinci, Fiumicino, 2009–2011

↓ Sede / Headquarters Alitalia, Aeroporto Leonardo da Vinci, Fiumicino, 2009–2011

→ *Lo Scalone*, installazione / installation, cortile della / courtyard of Ca' Granda, Milano, 2017

← *Lo Scalone*, installazione / installation, cortile della / courtyard of Ca' Granda, Milano, 2017

↑ Sede / Headquarters Banca Sella Holding, Biella, 2014–2020

↓ Sede / Headquarters Banca Sella Holding, Biella, 2014–2020

→ Cappella di San Giacomo / Chapel of St. James, Auerberg, 2010–2012

← Cappella di San Giacomo / Chapel of St. James, Auerberg, 2010–2012

↑ Modellino di / Scale model of Expo Agorà, 2013

← Expo Agorà, installazione / installation, Castello Sforzesco, Milano, 2013

↓ Scrittoio / Writing desk *Secretello*, UniFor, 2015

↓ Scrittoio / Writing desk *Secretello*, UniFor, 2015

→ The Waterstone, padiglione di / pavilion of Intesa Sanpaolo, Expo Milano 2015, Milano, 2012–2015

↑ The Waterstone, padiglione di / pavilion of Intesa Sanpaolo, Expo Milano 2015, Milano, 2012–2015

→ UniCredit Pavilion, Milano, 2012–2015

↑ UniCredit Pavilion, Milano, 2012–2015

→ Progetto per complesso / Project for urban complex Metropolis, Malta, 2016

↓ Modellino del complesso / Scale model of urban complex Metropolis, Malta, 2016

→ Centro diurno per malati di Alzheimer / Day-time center for Alzheimer patients, Salerano Canavese, 2014–2018

↑ Centro diurno per malati di Alzheimer / Day-time center for Alzheimer patients, Salerano Canavese, 2014–2018

→ Iper Maestoso, Food Court, Monza, 2017–2019

← Iper Maestoso, Food Court, Monza, 2017–2019

↓ Sgabello / Stool *Bisonte*, Produzione Privata, 2005

↓ Sgabello / Stool *Bisonte*, Produzione Privata, 2005

→ UniCredit Pavilion, Milano, 2012–2015

← UniCredit Pavilion, Milano, 2012–2015

↓ Modellino del / Scale model of Padiglione Zero, Expo Milano 2015, Milano, 2013

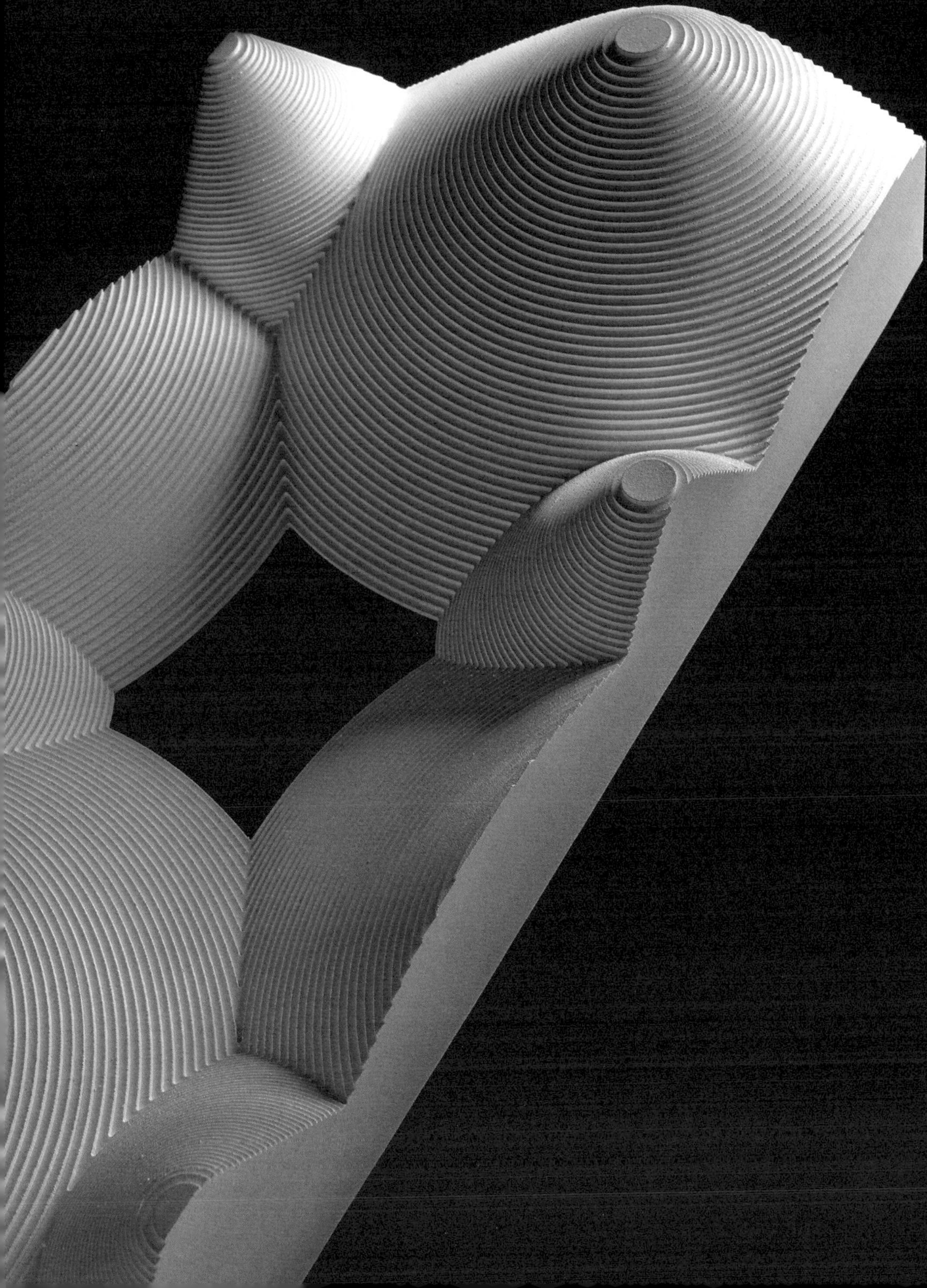

↓ Padiglione Zero, Expo Milano 2015, Milano, 2012–2015

→ Caffettiera / Coffee pot *Pulcina*, Alessi, 2015

↓ Politeama Piceno, Tolentino, 2015–2017

→ Tavolo per ufficio direzionale / Table for executive office, Il Tronco, Pforzheim, 2012

← *Montagna 302*, legno di noce / walnut, 2013

↓ Modello concettuale per concorso / Conceptual model for contest San Pellegrino 396, legno di noce / walnut, 2016

↓ Modello concettuale per concorso / Conceptual model for contest San Pellegrino 396, legno di noce / walnut, 2016

→ Libreria / Bookshelf *Briccolone*, Riva 1920, 2010

↓ Panca / Bench *Palizzata*, Riva 1920, 2011

→ Rivestimento / Facing *La Palissade*, Piba Marmi, Marmomacc, 2008

← Rivestimento / Facing *La Palissade*, Piba Marmi, Marmomacc, 2008

↑ Tavolo / Table *Teamer*, UniFor, 2016

↑ Sistema / System *Hatch*, UniFor, 2015

→ Triennale Milano, accesso al / access to Teatro dell'Arte, Milano, 2010–2012

← Triennale Milano, ponte d'accesso al / bridge to access Triennale Design Musem, Milano, 2003–2007

↑ Progetto per / Project for Volkhonka Mansion, Moskva, 2017

← Progetto per / Project for Volkhonka Mansion, Moskva, 2017

↓ *Torre De Lucchi – Cucchi*, installazione / installation, giardino della / garden of Triennale, Milano, 2016

↓ *Torre De Lucchi–Cucchi*, installazione / installation, giardino della / garden of Triennale, Milano, 2016

→ Progetto per / Project for Town Station, Education Stations, 2020

↓ Progetto per / Project for Crown Station,
Interactors, 2018

Questo libro abbraccia molti anni di carriera professionale, mia e dello studio. Lo studio che da qualche anno prende il nome di CIRCLE. Un "circle" che ho fondato per dare continuità al mio lavoro e condividere l'esperienza che ho acquisito avendo avuto la fortuna di trascorrere anni di trasformazione, cruciali, di grandi cambiamenti.

Immagino quindi sono

IT

Noi in realtà non ci conosciamo, o non ci conosciamo mai abbastanza. Non conosciamo mai abbastanza chi veramente siamo, cosa davvero vogliamo, a cosa ambiamo e cosa la mente consideri acquisito o perduto nel nostro passato. Creare questo libro, che abbiamo chiamato *Connettoma*, per me e per il CIRCLE è una specie di analisi di autocoscienza che ci ha portato a visualizzare quali sono le sinapsi che attiviamo più frequentemente e che abbiamo usato più sovente nel passato. Una sinapsi è una connessione fra un profumo e un colore, fra uno stato d'animo e un incontro con qualche persona, o la vista di un paesaggio, o il bere un bicchiere di vino, o il mangiare un pezzo di pane. Il *Connettoma* è proprio l'insieme delle piste magnetiche dentro le quali corrono queste connessioni. È un titolo perfetto proprio perché riproduce perfettamente quello che accade di solito, involontariamente e inconsciamente, nella nostra testa quando ci dedichiamo a un'attività creativa che dobbiamo esprimere, rendere comunicabile e divulgabile.

Ci sono diverse maniere di memorizzare. C'è chi ricorda meglio le storie e le narrazioni, chi i calcoli e i ragionamenti, e chi invece le immagini. Io appartengo chiaramente alla categoria di chi memorizza e ragiona in termini di immagini, per cui immagino che nel mio cervello, come nel cervello di tutti quelli che ragionano come me, ci siano tanti ricordi, storie, sapori, odori, che vengono riportati alla memoria attraverso le immagini. Le materie prime di noi architetti e designer sono inevitabilmente la forma, il colore, la composizione volumetrica, il senso dello spazio: tutto ciò che in qualche maniera costituisce l'immagine. E quindi è naturale che il primo libro del CIRCLE sia un libro di carattere figurativo.

Un tempo si pensava che il cervello fosse fatto di cassetti, e che i ricordi venissero immagazzinati in tanti settori. Da quando si è scoperto che i ricordi, quando entrano nel cervello, si separano e vengono archiviati in parti diverse – gli odori da una parte, le immagini da un'altra, i colori e l'atmosfera da un'altra ancora – si è capito che ogni esperienza viene memorizzata dividendola in tanti aspetti diversi. Quando ti rivolgi alla memoria riporti alla mente tutte le connessioni che ti aiutano a ricostruire quel momento, quel ricordo. Tutte le volte che riporti alla mente un ricordo, lo devi ricostruire, e quando lo fai, lo ricostruisci ogni volta in maniera diversa.

Lo stesso ricordo, se lo porti alla mente in due momenti diversi, lo racconti in modo differente. È anche vero che gli psicanalisti, quando finisce la sessione e domandano al paziente se ciò che ha detto è veritiero, ottengono sempre risposte incerte: i pazienti non sanno se hanno raccontato la verità. Perché quando ti metti nella condizione di analizzare quello che dici, ti accorgi che il cervello non procede per cassetti ma funziona proprio per depositi di memoria sparsi, e devi recuperare ogni pezzetto per ricostruire un fatto compiuto, completo. Tutto questo porta anche ad affermare che chi ha più memoria e più capacità di categorizzare è più creativo, perché più memoria hai, più elementi creativi hai nella tua dispensa. È un po' il senso di questo libro: raccogliere il materiale sparso per il cervello, per lo studio, e renderlo uno strumento di creatività per tutti coloro che hanno un contatto con questi ambienti, con questi prodotti e con questi edifici.

Questo libro mi ha aiutato a distinguere le fasi del lavoro e gli argomenti che mi hanno sedotto maggiormente nei vari momenti della mia storia professionale e di quella dello studio, del CIRCLE. Nel nostro linguaggio progettuale ci sono delle costanti espressive, come "le stratificazioni" del Padiglione Zero e della caffettiera *Pulcina*, o "il plissettato" con cui abbiamo costruito ad esempio il bollitore per Alessi ma anche edifici, come il Pala Expo Venice di Marghera, il cui esterno ha un effetto corrugato come quello di un animale marino preistorico. Abbiamo impiegato e impieghiamo rivestimenti che movimentano le superfici degli edifici e che chiamiamo "doppie pelli", o "le tende", "le scandole", i "tessuti arricciati"... Sono le nostre sinapsi, sono i tanti riferimenti figurativi ricorrenti che ci riportano immediatamente ai ragionamenti, agli argomenti e alle emozioni che avevano spinto in quella direzione e che avevano ispirato i nostri progetti.

Lavorando al *Connettoma*, mi sono trovato a riflettere sull'evoluzione della figura dell'architetto rispetto agli anni ottanta, novanta e duemila. Di decennio in decennio la professione è cambiata moltissimo, e continua a cambiare con un ritmo sempre più frenetico. Mi rendo conto che, un po' per crescita personale e un po' per naturale evoluzione del mondo, all'architetto vengono attribuite funzioni diverse. Ricordo che ai tempi della Olivetti, per esempio, l'architetto era il creativo dell'azienda: qualsiasi cosa avesse anche solo un vago riferimento all'immagine dell'azienda doveva essere sottoposta all'architetto. Non solo il disegno degli uffici, degli showroom, dei negozi, degli stand e delle fiere, non solo il disegno delle macchine, dei tavoli e delle scrivanie, ma anche la stessa pubblicità e gli house organ interni. L'architetto aveva la responsabilità di coordinare e mantenere sotto un'unica identità tutti i messaggi e le manifestazioni pubbliche dell'azienda. Tutto ciò si è molto evoluto, soprattutto per via dell'ecologia e dei grandi temi che sono venuti alla ribalta dopo gli anni ottanta. Durante il mio periodo universitario non ricordo lezioni che vertessero sui temi della natura, del clima, della sostenibilità ambientale. La parola "ecologia" ha cominciato a diffondersi dagli anni ottanta, e all'inizio non si capiva neanche tanto bene. Ai tempi di Memphis il problema della sostenibilità rimaneva qualcosa di laterale.

Non eravamo insensibili – anzi, lo eravamo moltissimo; ma ciò che ci muoveva era la necessità di un nuovo mondo immaginifico, di nuove categorie della fantasia più colorate, più mobili, più felici. Erano tempi diversi: paradossalmente, le prime domeniche a piedi erano state istituite non per l'ecologia o l'inquinamento, ma per risparmiare petrolio.

Nel bene e nel male, ho raccolto un'esperienza speciale, non perché sia stato speciale io ma perché sono stati speciali quegli anni. Conservo tre tavoli da disegno, tre dei cinquanta tavoli che avevo a Milano nel 1980 e che nel 1989, quando sono passato all'Autocad, da un giorno all'atro sono spariti. Li ho buttati via. Ho vissuto tutta la rivoluzione del digitale. Penso ai disegni per i progetti tutti fatti a china, penso ai pennini, al rapidograph... Noi usavamo la matita 2H, e la 6H, che è cemento armato puro! La 6H non segna, "incide", e quando le fai la punta è così sottile che nemmeno la vedi...

Mi sento davvero privilegiato per aver vissuto così tante forme diverse della stessa professione, che ci hanno portato a fare disegni sempre più raffinati, più veritieri, più realistici, a capire molto meglio come saranno realizzate le cose grazie agli strumenti tecnici, che ci permettono di presentare ai nostri clienti materiale sempre più dettagliato e approfondito. Possiamo così visualizzare tutto molto prima che venga realizzato.

Agli architetti oggi si chiede molto di più di quanto si faceva una volta, e si chiede proprio di essere responsabili con la propria coscienza di ciò che viene progettato e poi realizzato. I progetti senza identità, come alcune speculazioni edilizie che nascono dal nulla, senza un progetto chiaro, sono mal accolti dai cittadini, proprio perché non sono legati a chi li racconta e a chi se ne assume le responsabilità. Mi sono domandato perché queste cose succedono e cosa si potrebbe fare perché non accadano nel futuro. Fin quando non ci sarà qualcuno che ci mette la faccia, che motiva i progetti e dà un senso a quello che si fa, le nuove architetture non saranno accettate da nessuno.

Penso ancora una volta a quanto sia importante oggi il progetto, non soltanto come disegno per rendere costruibile un edificio, ma come concetto, come idea, come storia. È importante che il progetto porti con sé una narrativa comune, che sia di tutti e per tutti, e che tutti diventino partecipi di questa operazione e ne siano orgogliosi. Le nuove architetture devono assumere un significato culturale, simbolico, sociale, estetico, artistico e sperimentale, oltre che tecnico-costruttivo. Il paesaggio creato dall'intervento dell'uomo appartiene a tutti.

È importante che noi architetti riconosciamo il prodotto del nostro lavoro, che è il progetto, come qualcosa di inclusivo, che tiene insieme tante discipline e motivazioni differenti, tante competenze e ambizioni, tante idee su come migliorare il mondo. Il *Connettoma* è un po' questo: è uno strumento per poter realizzare progetti più completi, più ricchi, più inclusivi; e per dire quanto attraverso le immagini sia più facile capirsi e comunicare e decidere insieme, con l'approvazione di tutti, come costruire architetture nuove, umane e partecipate.

Michele De Lucchi

↓ Progetto per / Project for Log Station, Many Hands, 2019

→ Progetto per / Project for Clay Station, Many Hands, 2019

↑ Progetto per / Project for Farm Station, Education Stations, 2020

→ Progetto per / Project for Village Station, Education Stations, 2020

This book spans many years of my professional career and that of the studio, which just a couple of years ago took the name of CIRCLE. A "circle" that I founded to provide a sense of continuity to my work and to share the experience I have acquired, having had the good fortune to live years of transformation, pivotal times of great change.

I imagine therefore I am

EN

In reality, we do not know ourselves, or we never know ourselves sufficiently well. We never fully know who we really are, what we really want, what we strive for, and what the mind considers as acquired or lost in our past. For me and for the CIRCLE, creating this book, which we have called *Connettoma*, is a sort of analysis of our consciousness that has led us to visualizing the synapses we activate most frequently and which we have used most often in the past. A synapsis is a connection between a smell and a color, between a state of being and a meeting with someone, or looking at the scenery, drinking a glass of wine, or eating a piece of bread. *Connettoma* is precisely that set of magnetic tracks along which these connections run. It is a fitting title indeed, as it perfectly reproduces what normally happens, involuntarily and unconsciously, in our minds when we focus on a creative activity and have to express it, make it communicable and shared.

There are different ways of committing things to memory. Some people remember stories and narratives better, some calculations and reasoning, and others images. Clearly, I belong to the group of those who memorize and reason in terms of images, so I imagine that in my brain, as in the brains of everyone who reasons as I do, there are a host of memories, stories, tastes, and smells that are held in the memory through images. As architects and designers, the raw material we have is necessarily form, color, volumetric composition, the sense of space—that is, everything that in some way or other makes up the image. And so it is perfectly natural that the first book of the CIRCLE should be figurative in character.

Once it was thought that the brain was made up of drawer-like compartments, and that we stored memories in many separate areas. But since it was discovered that memories split when they enter the brain and are stored in different parts—smells in one part, images in another, colors and moods in another—it was understood that every experience is memorized by dividing it into many different components, and when you delve into the memory, you call to mind all these connections that help you to reconstruct that very moment, that very memory. Every time you rekindle a memory, you have to rebuild it and when you do, you each time construct it in a different way. If you evoke the same memory on two separate occasions, you describe it in a different way each time. It is also true that at the end of therapy sessions, when the psychoanalyst asks his patients if what they said was the truth, the responses are never certain. The patients do not know if they have told the truth. When you start analyzing what you say, you realize that the brain does not work like a chest of drawers but rather as many repositories of scattered memories, and you have to retrieve each piece in order to reconstruct the whole, the complete episode. All this also means that those who have a stronger memory and who are more able to categorize tend to be more creative, because the bigger your memory, the more creative elements you have at your disposal. To a certain degree, this is the meaning of this book: collecting material that is scattered throughout the brain and throughout the studio, and making it into an instrument of creativity for everyone who is touched by these environments, by these products and by these buildings.

This book has helped me to identify the phases of my work and the ideas that have most influenced me at various junctures of my professional experience and that of the studio, of the CIRCLE. There are expressive constants in our design language like the "stratifications" of the Padiglione Zero and the *Pulcina* coffee pot, or the "pleating" we used to design the kettle for Alessi as well as buildings such as the Pala Expo Venice, where the exterior has a corrugated form akin to that of a prehistoric marine animal. Both in the past and today, we have been using facings that vitalize the surfaces of the buildings and that we call "double skins," "curtains," "shingles," "ruffled fabrics"... These are our synapses, the many recurring figurative references which immediately take us back to the thinking, the topics, and the emotions that encouraged us to take that direction and inspired our projects.

While working on *Connettoma*, I found myself reflecting on the evolution of the role of the architect over the last forty years. The profession changed radically from decade to decade and continues to do so at an ever faster pace. I have come to realize that, partly because of personal growth and partly because of the natural evolution of the world, different functions have been attributed to the architect. For example, I remember that in the times of Olivetti, the architect was the creative person of the company. Anything that had even the remotest connection to the image of the company had to be put to the architect. Not just the design of the offices, the showrooms, the stores, the stands, and the trade fairs, not only the design of the machines, of the tables and desks, but also the advertising and the internal house organs. The architect was responsible for coordinating and maintaining a single corporate identity for all the public communications and events of the company. This has evolved radically, above all as a result of ecology and the pressing issues that came to the fore in the late 1980s. When I was at university, I do not remember any classes or lectures that touched on issues about nature, the climate, and environmental sustainability. The word "ecology" only began to be used more frequently from the 1980s, and it was not well understood at all. At the times of Memphis, the problem of sustainability was still on the sidelines. We were not insensitive: quite the opposite, we were extremely sensitive but what drove us was the need for a newly imagined world, new forms of creativity that were more colorful, more agile, happier.

They were different times—I remember the first Sundays when cars were banned, which paradoxically was to save oil, not for ecological reasons or to combat pollution.

For better or worse, I gained experience that was special, not because I myself am special, but because those were special years. I still have three drawing boards, three of the fifty or so that I had in 1980 in Milan and which disappeared overnight when I switched to Autocad in 1989. I just threw them away. I embraced the digital revolution with enthusiasm. I think of the drawings for the projects that were all done with Indian ink, I think of the nibs, of the rapidograph… We used 2H pencils, and the 6H, which was pure reinforced concrete! The 6H does not mark, it literally "engraves," and when it is sharpened it is so thin that you cannot even see it…

I feel truly privileged to have lived through so many different forms of the same profession, which has led us to produce designs that are more refined, more truthful and more realistic, to understand much better how things will be made thanks to technical instruments that allow us to present projects to our clients in ever more detail and depth. We can thus visualize everything long before it is actually realized.

Today, architects are asked to do much more than they once were, and they are asked to be conscientiously responsible for what they design and create. Projects without identity, such as building speculations that come from nowhere, without a clear idea, are badly received by people precisely because they have no connection with the people who describe them and who take responsibility for them. I have asked myself why these things happen and what could be done to ensure that they do not happen in the future. Until there is someone who is willing to stand up to them, who motivates the projects and gives a meaning to what is done, the new architectures will never be accepted by anyone.

I think again about how important the project is today, not only as a design to enable a building to be constructed, but as a concept, an idea, a story. It is important that the project carries with it a common narrative, which belongs to everyone and is for everyone, so that everyone becomes part of this operation and is proud of it. The new architectures must take on a meaning that is cultural, symbolic, social, aesthetic, artistic, and experimental, as well as technical and constructional. The landscape created by the intervention of man belongs to everyone.

It is important that we architects recognize the result of our work, design, as something inclusive and which holds together many different disciplines and rationales, many skills and ambitions, ideas of how to improve the world. *Connettoma* is a bit like this. It is a tool by which to create more complete, richer, more inclusive projects and to show how images make it much easier to understand each other, communicate and decide together, with everyone's approval, how to build new, human, and participatory architectures.

Michele De Lucchi

→ Progetto per / Project for Moat Station, Interactors, 2018

← Modellini per / Scale models for Earth Stations, 2018

↓ Casetta per uccelli / Birdhouse, *Süddeutsche Zeitung Magazin*, 2018

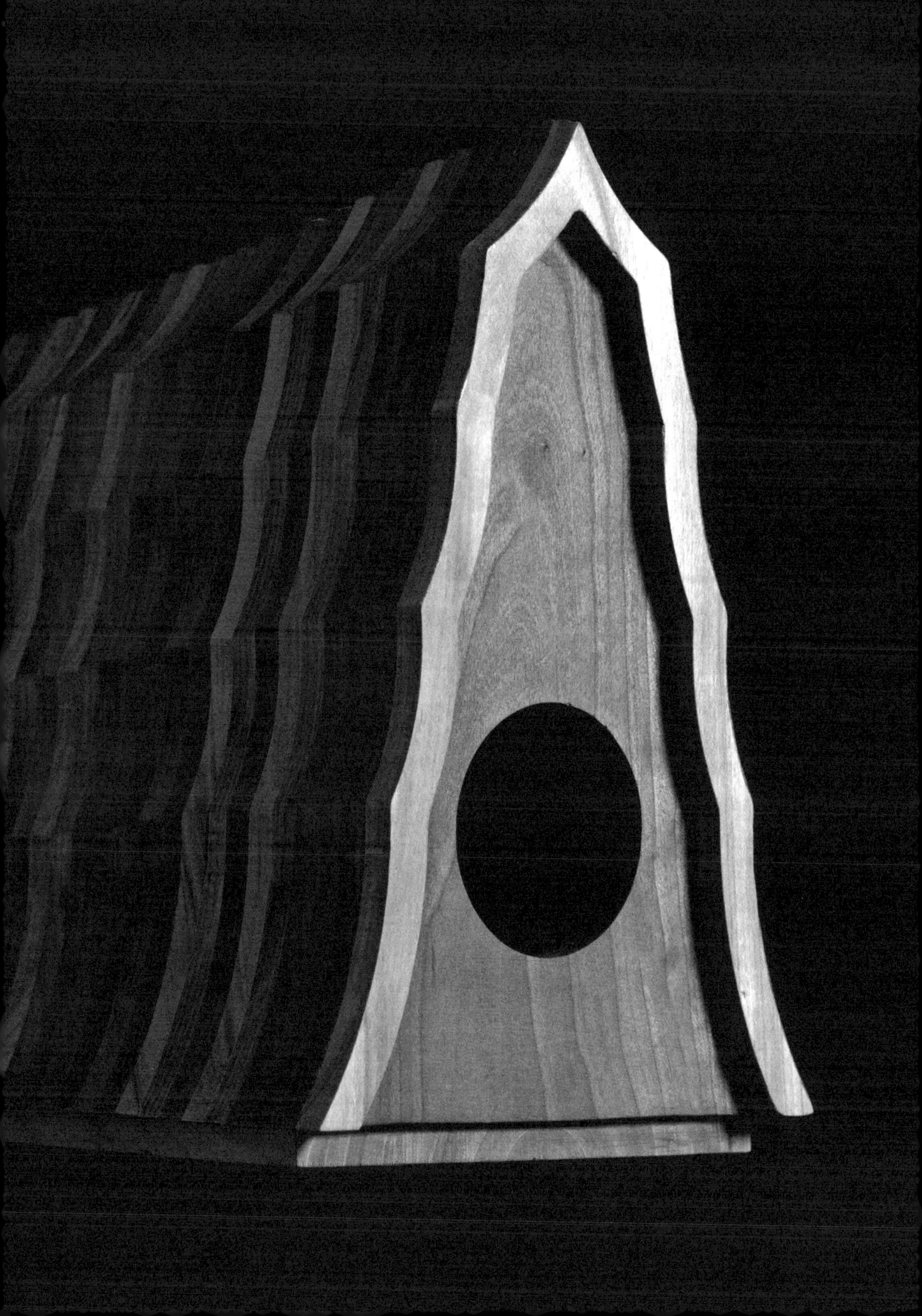

↓ Portaoggetti / Glove box *Cabin*, Alessi, 2016

→ Progetto per / Project for Atelier Station, Post Pandemic Research, 2020

← Progetto per / Project for Sweet Suite Station, Post Pandemic Research, 2020

↓ Modellino del Pavilion per / Pavilion scale model for San Barbato Resort, 2020

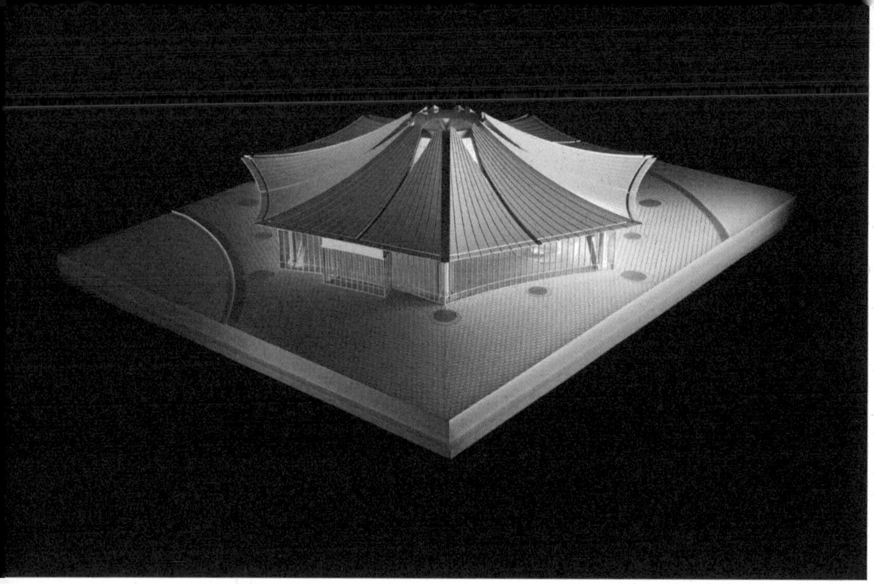

↑ Modellino del Pavilion per / Pavilion scale model for San Barbato Resort, 2020

→ *Many Hands Make One*, installazione / installation, Assab One, Milano, 2020

← *Many Hands Make One*, installazione / installation, Assab One, Milano, 2020

↓ Modello concettuale per casa privata 188, legno di rovere e noce / Concept model for private house 188, oak wood and walnut, 2009

↑ Casa privata, Svizzera / Private house, Switzerland 2005–2008

→ Scuola dell'infanzia / Kindergarten Giardino, la stanza del gioco / playroom, Lodi, 2011

↑ Scuola dell'infanzia / Kindergarten Giardino, la stanza del gioco / playroom, Lodi, 2011

→ Il Centro, Arese, 2013–2015

swatch

← Il Centro, Arese, 2013–2015

↑ Modellino dello stand / Model stand for Poltrona Frau, Salone del Mobile, Milano, 2015

↑ Stand Poltrona Frau, Salone del Mobile, Milano, 2015

→ Stand Gruppo Charme, Salone del Mobile, Milano, 2006

← Stand Gruppo Charme, Salone del Mobile, Milano, 2006

↑ *Padiglione per un capolavoro*, installazione alla mostra / installation within the exhibition *Verticalia*, Bologna, 2005

↓ *Padiglione per un capolavoro*, installazione alla mostra / installation within the exhibition *Verticalia*, Bologna, 2005

→ Faretto / Spotlight *Tycho*, Artemide, 2016

← Stand Artemide, Light+Building, Frankfurt am Main, 2016

↓ Z-Life Zambon, Bresso, 2017–2019

← Z-Life Zambon, Bresso, 2017–2019

↓ *Sguardi indiscreti*, installazione / installation, cortile della / courtyard of Ca' Granda, Milano, 2013

↓ *Sguardi indiscreti*, installazione / installation, cortile della / courtyard of Ca' Granda, Milano, 2013

→ Chiesa di / Church of Santa Maria del Rosario, Porto Marghera, 2014–2015

↓ Chiesa di / Church of Santa Maria del Rosario, Porto Marghera, 2014–2015

→ *Neon Light Sketches*, Sygns GmbH, 2017

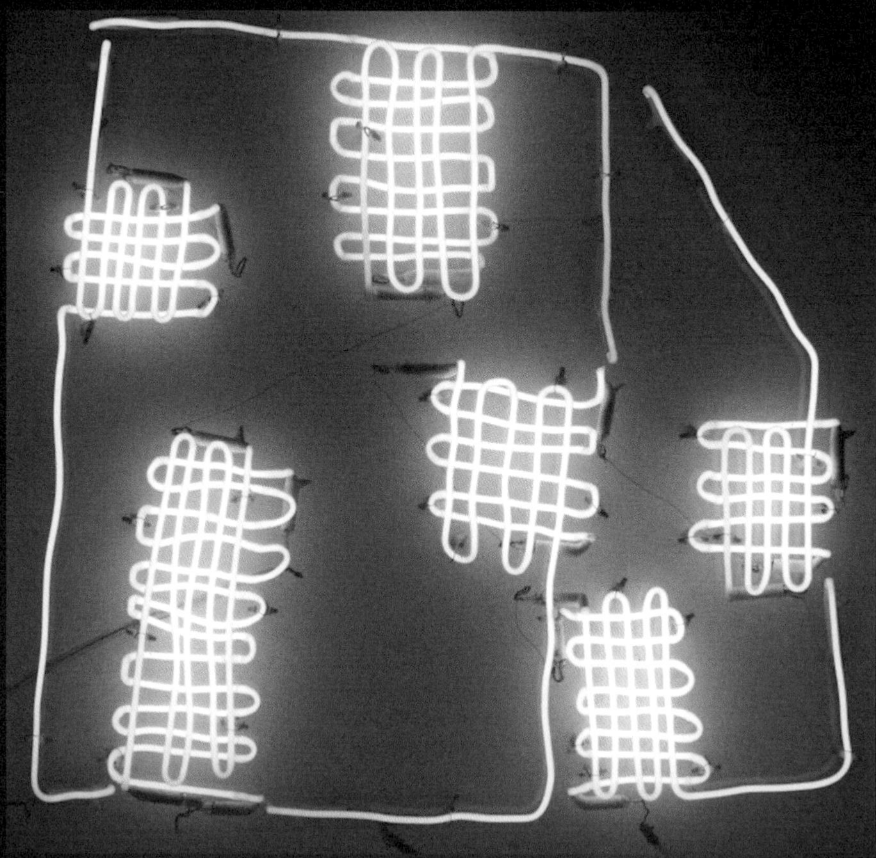

← *Neon Light Sketches*, Sygns GmbH, 2017

↑ *Portrait Milano*, Lungarno Collection, Milano, 2015–in corso / ongoing

↓ *Portrait Milano*, Lungarno Collection, Milano, 2015 – in corso / ongoing

→ Tavolo / Table *Paestum*, collezione / collection Strutture Domestiche, Design Gallery, 2018

← Tavolo / Table *Paestum*, collezione / collection Strutture Domestiche, Design Gallery, 2018

↓ *Limone*, collezione / collection Il Giardino, Produzione Privata, 2005

↓ *Albero di limoni*, installazione / installation, festival Summer Kals'Art, Palermo, 2005

→ Lampada / Lamp *Harnais*, Hermès, 2014

↓ Lampada / Lamp *Pantographe*, Hermès, 2014

→ Lampade / Lamps *Tolomeo tavolo*, *Tolomeo mini*, *Tolomeo micro*, Artemide, dal / since 1987

← Lampada / Lamp *Tolomeo mini-led*, Artemide, 2006

↑ Sistema per ufficio / Office system *MDL*, UniFor, 2004

← Sistema per ufficio / Office system *MDL*, UniFor, 2004

↓ Palazzo di Giustizia / Court of Law, Batumi, 2009–2011

↓ *Costruzione 1*, legno di noce / walnut, 2011

→ Centrale termoelettrica / Thermoelectric power station, Enel Produzione, Priolo Gargallo, 2000–2003

↓ Centrale / Power station Teodora, Enel Produzione, Porto Corsini, 2000–2005

→ Modellino per concorso / Scale model for contest Centro per le Arti Contemporanee, Roma, 1998

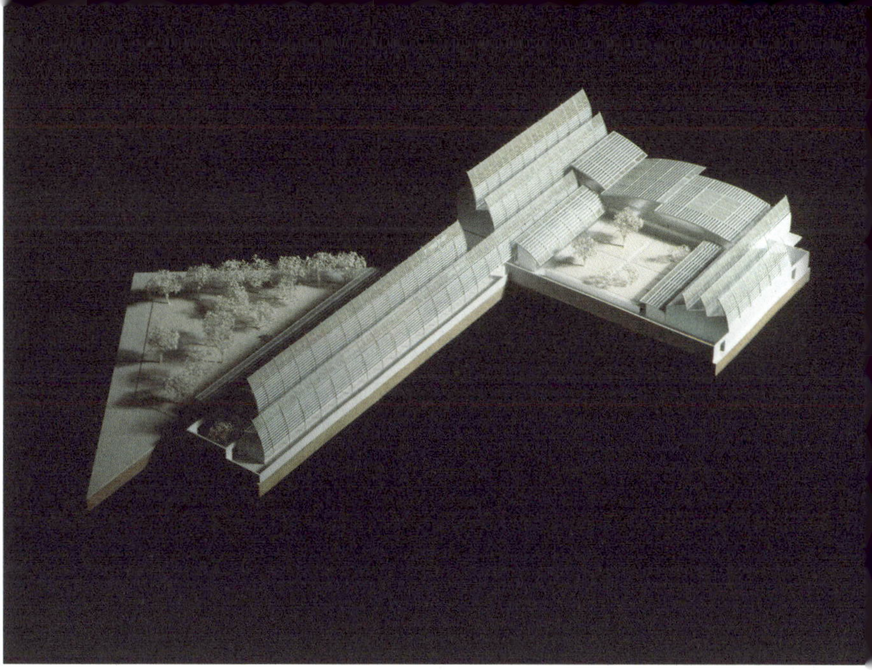

← Modellino per concorso / Scale model for contest Centro per le Arti Contemporanee, Roma, 1998

↓ Palazzo delle Esposizioni, Roma, 2002–2007

← Palazzo delle Esposizioni, Roma, 2002–2007

↓ Uffici finanziari / Financing offices
Banca Patrimoni Sella & C., Palazzo
Bricherasio, Torino, 2010–2012

← Uffici finanziari / Financing offices Banca Patrimoni Sella & C., Palazzo Bricherasio, Torino, 2010–2012

↓ Portagioie / Jewel case *Pavilion 1*, collezione / collection Strutture Domestiche, Design Gallery, 2018

↓ Portagioie / Jewel case *Pavilion 1*, collezione / collection Strutture Domestiche, Design Gallery, 2010

→ Centro Guida Sicura, Lainate, 2013–2015

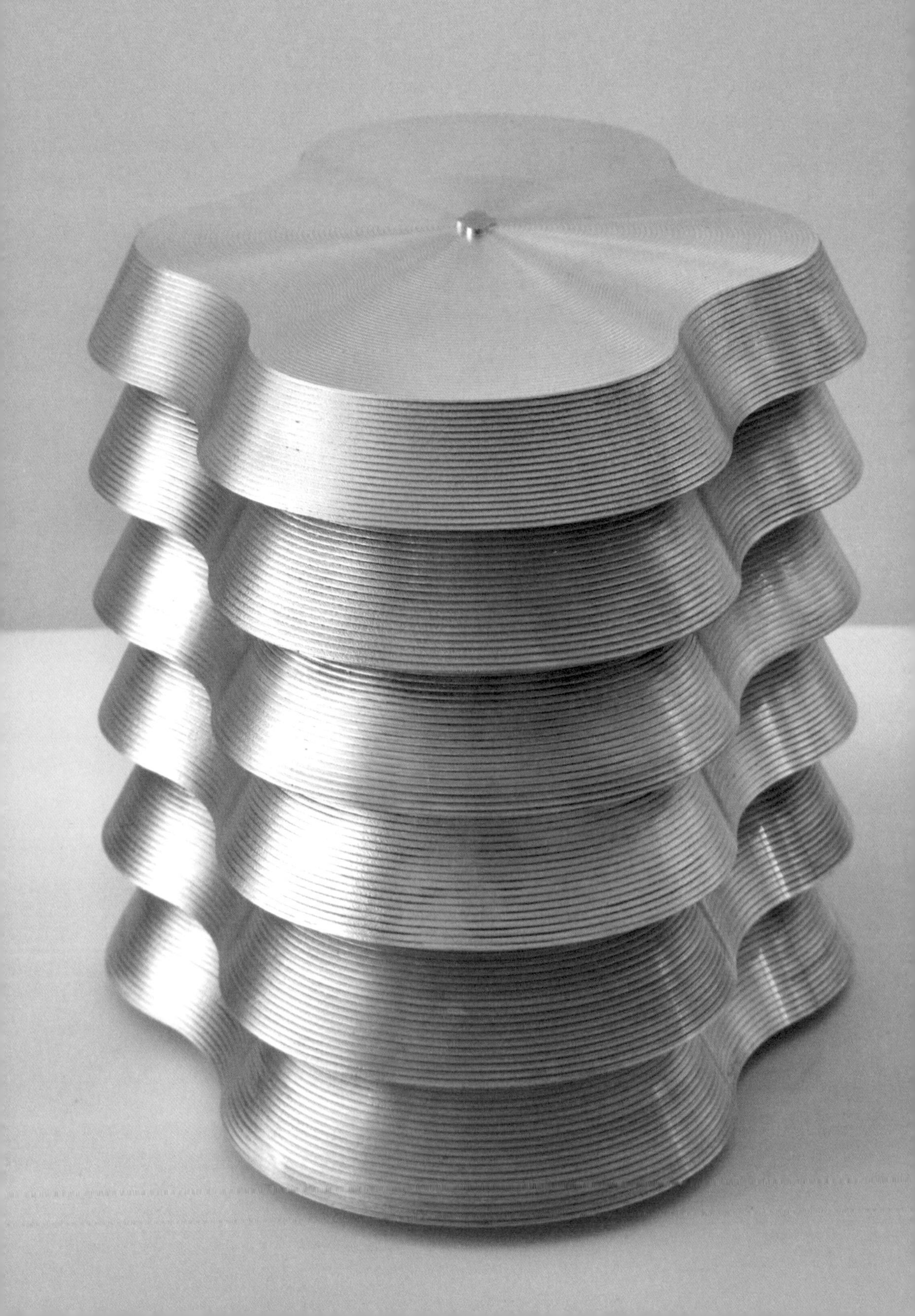

↑ Centro Guida Sicura, Lainate, 2013–2015

→ *Torre dell'Aria*, Riva 1920, 2011

← *Torre dell'Aria*, Riva 1920, 2011

↓ Stand Poltrona Frau, Salone del Mobile, Milano, 2019

↓ Showroom Poltrona Frau, Milano, 2019

→ Biblioteca / Library Laudense, Lodi, 2007–2013

← Biblioteca / Library Laudense, Lodi, 2007–2013

↓ Biblioteca / Library San Giorgio in Poggiale, Bologna, 2007–2009

↑ Biblioteca / Library San Giorgio in Poggiale, Bologna, 2007–2009

→ *Mutant Architecture. Pensando a L'Aquila*, installazione / installation, cortile della / courtyard of Ca' Granda, Milano, 2011

← *Mutant Architecture. Pensando a L'Aquila*, installazione / installation, cortile della / courtyard of Ca' Granda, Milano, 2011

↓ Panca / Bench *Selinunte*, collezione / collection Strutture Domestiche, Design Gallery, 2018

↓ Panca / Bench *Selinunte*, collezione / collection Strutture Domestiche, Design Gallery, 2018

→ Ponte della Pace / Bridge of Peace, Tbilisi, 2009–2010

← Ponte della Pace / Bridge of Peace, Tbilisi, 2009–2010

↑ Lampada / Lamp *Led Ned*, Artemide, 2011

↓ Lampada / Lamp *Led Ned*, Artemide, 2011

→ Ufficio postale / Post office Milano Cordusio VR, Poste Italiane, Milano, 2001–2002

Sala
Consulenza
PT shop

↓ Concetto e filosofia per / Concept and philosophy behind Poste Italiane, 1998–2003

Perché fermare le immagini

IT

Le biblioteche sono immagini, i musei sono immagini, gli uffici sono immagini, le stazioni sono immagini, le residenze sono immagini, i ponti sono immagini, le sedie sono immagini, i tavoli sono immagini, le caffettiere sono immagini, le automobili sono immagini – tutto è immagine e noi come architetti siamo manipolatori di forme e rappresentiamo la sperimentazione attraverso le immagini.

Possiamo generare immagini all'infinito e all'interno di queste immagini racchiudere la nostra vocazione d'essere al servizio dell'umanità. I nostri progetti sono per la natura umana e per tutto ciò che la circonda.

Ogni tanto è necessario fermare le immagini per comprendere cosa e come cambiare, come modificare i nostri comportamenti e le nostre relazioni. Fermarsi per un attimo è analizzare il tempo che abbiamo davanti a noi, comprendere e anticipare le necessità future dell'umanità.

Le discipline umanistiche interpretate da differenti studiosi sono il nostro grande alleato: è attraverso questo scambio di informazioni che alimentiamo la nostra visionarietà rendendo sensazionali anche i piccoli cambiamenti.

Angelo Micheli

Why pause the images

EN

Libraries are images, museums are images, offices are images, stations are images, residences are images, bridges are images, chairs are images, tables are images, coffee pots are images, cars are images—everything is an image and we, as architects, are manipulators of forms and represent experimentation through images.

We can generate images indefinitely and within these images encapsulate our vocation of being at the service of humanity. Our projects are for human nature and for everything that surrounds it.

Every so often it is necessary to pause the images to understand what and how to change and how to transform our behavior and our relationships. Pausing for a moment represents the opportunity to analyze the time that lies before us, to understand and anticipate the future needs of humanity.

The humanities interpreted by many different scholars are our great ally, and it is through this exchange of information that we nourish our visionary spirit, making even small changes something sensational.

Angelo Micheli

IT

Selezione di progetti che Michele De Lucchi e AMDL CIRCLE hanno realizzato nel nuovo millennio. Le opere sono ordinate cronologicamente in base all'anno d'inizio progetto ed elencate nella sequenza: architettura, interni, allestimenti, product design, grafica e ricerche.

EN

Selection of projects designed by Michele De Lucchi and AMDL CIRCLE in the new millennium. The works are listed chronologically according to the year the project started and organized in the following sequence: architecture, interiors, installations, product design, graphics, and research.

1998

Centro per le Arti Contemporanee, Roma, concorso con / contest with Achille Castiglioni e / and Italo Lupi

Enel, traliccio per l'alta tensione / high-voltage pylon, concorso con / contest with Achille Castiglioni

2000

Mandarina Duck, negozi / shops (terza generazione / third generation), Europa e Asia / Europe and Asia

Poste Italiane, ufficio postale / post office Roma 1, via Sicilia, Roma

Agenzia Romana per il Giubileo, allestimento della mostra / design of the exhibition *Sandro Botticelli. Pittore della Divina Commedia*, Scuderie del Quirinale, Roma

Telecom Italia, stand Telecom, Italia, São Paulo e / and Rio de Janeiro

Poltrona Frau, letto, divano e panca / bed, couch and bench Piazza di Spagna

Gemeente Maastricht, interni e grafica per la biblioteca del / interior design and graphics for the library of Centre Ceramique, Maastricht

2000–2001

Banca 121, agenzie / branches Banca 121, Italia

Groninger Museum, interni della sezione del museo civico / interiors of civic museum, Groningen

Giorgio Armani, uffici / offices Giorgio Armani, via Bergognone, Milano

Enel Power, ristrutturazione degli uffici direzionali / renovation of executive offices, Enel Power, via Carducci, Milano

Artemide, lampade / lamps *Logico*

Olivetti, computer *Xana 410*

Poltrona Frau, divano / couch *Orione*

Poste Italiane, totem Internet

2000–2002

Telecom Italia, ristrutturazione degli uffici direzionali / renovation of executive offices, Telecom, piazza Affari, Milano

2000–2003

Enel Produzione, ristrutturazione della centrale/ renovation of power plant Enel, Priolo Gargallo (Siracusa)

2000–2004

Enel Produzione, ristrutturazione della centrale/ renovation of power plant Enel, Teodora, Porto Corsini (Ravenna)

2000–2005

Associazione Casa Insieme Onlus, Hospice Villa Sclopis, Salerano Canavese (Torino)

2001

Agenzia Romana per il Giubileo, allestimento della mostra / design of the exhibition *Rinascimento. Capolavori dei musei italiani*, Scuderie del Quirinale, Roma

Telecom Italia, stand Telecom, Smau 2001, Milano

Enel Distribuzione, contatore elettronico / electricity meter

Produzione Privata, sedia / chair *2001*

Unilever, corporate identity per la campagna / for the campaign *Food for Life*

2001–2002

Poste Italiane, ufficio postale centrale / central post office, piazza Cordusio 1, Milano

Olivetti, calcolatrici / calculators *Logos*

RAS, grafica per campagna di informazione RAS / graphics for RAS information campaign

2001–2003

Enel Produzione, ristrutturazione della centrale/ renovation of power plant Enel Edi Power, Chivasso (Torino)

Poste Italiane, uffici direzionali / executive offices Eur, viale Europa, Roma Eur

2002

Banca Intesa, agenzie / branches Banca Intesa

Telecom Italia, interni del / interiors of Telecom Future Centre, Venezia

Triennale di Milano, ristrutturazione degli spazi pubblici della / renovation of public spaces of Triennale di Milano, Palazzo dell'Arte, Milano

Azienda Speciale Palaexpo, allestimento della mostra / design of the exhibition *Rembrandt. Dipinti, incisioni e riflessi del '600 e '700 italiano*, Scuderie del Quirinale, Roma

Caimi Brevetti, sistema di segnaletica e comunicazione / signage and communication system *Koala*

Banca Intesa, grafica per agenzie / graphics for branches Banca Intesa

2002–2003

Immsi, interni degli uffici direzionali / interiors of executive offices Omnia Invest, via Abruzzi 25, Roma

Vesteda, ricerca per / research for *Open Space House*, Maastricht

2002–2004

Arnolfo di Cambio, calici / wine glasses *Laetitia*

2003–2004

Fondazione Venezia, interni della / interiors of Fondazione Carive, Dorsoduro, Venezia

ACME, penna / pen *Linear*

Alias, sistema / system *Layout*

Artemide, lampade / lamps *Castore* e / and *Castore Calice*

UniFor, sistema per ufficio / office system *MDL*

2003–2005

Enel, interni degli uffici / interiors of offices Enel Roma, viale Regina Margherita, Roma

Novartis, interni degli uffici / interiors of offices Novartis, Basel

2003–2007

Fondazione La Triennale di Milano, Triennale Design Museum e ponte di accesso / and access bridge, Milano

2003–2008

Mondadori, allestimenti fieristici / exhibition stands, Torino, Frankfurt am Main

2003–2009

Bundesamt für Bauwesen und Raumordnung, interni del / interiors of Neues Museum, Berlin-Museuminsel

2004–2005

Banca Intesa, sistema di stand, corner e centri informazioni / system of booths and information points

Comune di Palermo, installazione / installation *Albero di limoni*, Palermo

Produzione Privata, collezione / collection *Il Giardino*

2004–2007

Proprietà degli ex Magazzini Generali di Stato, ristrutturazione dei Grandi Magazzini / State General Warehouses, renovation of department stores GUM, Moskva

2004–2008

Fondazione Pier Lombardo, ristrutturazione del / renovation of Teatro Franco Parenti e / and Cittadella dello Spettacolo, Milano

2005

Azienda Speciale Palaexpo, allestimento della mostra / design of the exhibition *Burri, gli artisti italiani e la materia*, Scuderie del Quirinale, Roma

Produzione Privata, sgabello e colonna appendiabiti / stool and coat hanger *Biconto*

2005–2006

Artemide, negozio / shop, Shanghai

Assessorato alla Cultura del Comune di Milano, allestimento della mostra / design of the exhibition *Il Codice di Leonardo da Vinci*, Castello Sforzesco, Milano

Artemide, lampada / lamp *Tatlin*

Produzione Privata, vetri a forma di vasi / glass vessels

2005–2007

Produzione Privata, tavolo / table *Benedetto*

2005–2008

Caimi Brevetti, sedia / chair *Kaleidos*

2005–2009

Fondazione Giorgio Cini onlus, biblioteca di storia dell'arte / art history library, Nuova Manica Lunga, Venezia

2006–2007

Design Gallery Milano, collezione / collection *Ottimi errori*

Produzione Privata, lampada / lamp *Giona*

Ceramiche Refin, decoro per ceramiche / ceramic decoration

Colombo Design, maniglia / handle *Tool*

2006–2009

Ministero degli Affari Interni della Georgia / Georgia Ministry of Internal Affairs, Tbilisi

2006–2011

Adjara Resort JSC, Development Solutions LLC, Hotel Medea, Batumi

2006–2016

Zambon, packaging

2007–2018

Intesa Sanpaolo, corporate identity

2007

Fondazione Roberto Capucci, allestimento della / design of Fondazione Capucci, Firenze

Azienda Speciale Palaexpo, allestimento della mostra / design of the exhibition *Dürer e l'Italia*, Scuderie del Quirinale, Roma

Rivista / Magazine *Interni*, installazione / installation *Sssht!*, Castello Sforzesco, Milano

2007–2008

Ministero degli Affari Esteri – Commissariato per l'Expo Saragozza 2008, Padiglione Italiano / Ministry of Foreign Affairs, Commission for 2008 Zaragoza Expo, Italian Pavilion

Design Gallery Milano, libreria / bookshelf *Montefeltro*

Produzione Privata, vasi / vases *Vento*

Produzione Privata, kilim della collezione / of the collection *Ingiustificabili esigenze*

Riva 1920, tavolo / table *Cantù*

2007–2009

Museo della Città di Bologna, biblioteca d'arte e di storia di / art and history library of San Giorgio in Poggiale, Bologna

Alias, sedia per ufficio / office chair *Norma*

Listone Giordano, parquet Medoc®

2007–2010

Intesa Sanpaolo, uffici a / offices in Bologna

Intesa Sanpaolo, agenzia / branch Banco di Napoli, via Toledo, Napoli

2007–2012

Comune di Lodi, ristrutturazione e allestimento degli interni della Biblioteca Laudense/ renovation and interior design of Laudense Library, Lodi

2007–2011

Intesa Sanpaolo, campus tecnologico / technology campus, Moncalieri

2007–2015

Intesa Sanpaolo, interni del grattacielo / interiors of skyscraper Intesa Sanpaolo, Torino

2008

Alias, poltrona, divano e dormeuse da esterni / outdoor armchair, couch and dormeuse *Dehors*

2008–2009

Immsi, uffici di / offices on viale Abruzzi, Roma

Produzione Privata, lampade / lamps *Bonne Nuit*

Produzione Privata, lampade / lamps *Metafisica*

Riva 1920, tavolo / table *Vegan*

Design Gallery Milano, armadio / armoire *Estense*

2008–2010

Fondazione Giorgio Cini onlus, allestimento della mostra / design of the exhibition *Le arti di Giovanbattista Piranesi*, Fondazione Giorgio Cini, Venezia

2008–2011

Fondazione Carisbo, ristrutturazione di / renovation of Palazzo Fava, Bologna

Manufacture de Sèvres, *Le coppe della filosofia*

Consorzio La Venaria Reale, lampione / street lamp *Venaria*

2008–2012

Fondazione Giorgio Cini onlus, restauro e allestimento del / restoration and design of Cenacolo Palladiano, Venezia

2008–2016

CDP Immobiliare, residenze / residences Litta, Palazzo Litta, Milano

2009

Galleria Carla Sozzani, allestimento della mostra / design of the exhibition *Memphis Blues*, corso Como 10, Milano

2009–2010

Old City Rehabilitation and Development Fund, Ponte della Pace / Bridge of Peace, Tbilisi

La Triennale di Milano, uffici del / offices of Museo del Design, Palazzo dell'Arte, Milano

Azienda Speciale Palaexpo, allestimento della mostra / design of the exhibition *Caravaggio*, Scuderie del Quirinale, Roma

Produzione Privata, *Scrivinpiedi*

De Castelli, libreria / bookshelf *Existence*

2009–2011

Alitalia, sede / headquarters Alitalia, Aeroporto Leonardo da Vinci, Roma

Ministry of Justice of Georgia, Palazzo di Giustizia / Court of Law, Batumi

Manufacture de Baccarat, *Le coppe della filosofia*

Manufacture de Sèvres, *Le coppe della filosofia*

Artemide, lampada / lamp *Led Net*

2009–2012

Committente privato / Private client, edificio per uffici / office building Il Tronco, Pforzheim

2010

Zambon, Oxy.gen Pavilion, Bresso

Mondadori, installazione per l'evento / design for the happening *Milano Fashion Week Design*, Milano

Riva 1920, libreria / bookshelf *Briccolone*

2010–2011

Camper, interni dei negozi / shop interiors, Milano, Sankt-Peterburg, Marseille, Torino, Amsterdam, Singapore, Moskva, Tokyo

La Venaria Reale, allestimento della mostra / design of the exhibition *150 anni di moda in Italia*, Reggia di Venaria Reale, Torino

Rivista / Magazine *Interni*, installazione / installation *Mutant Architecture. Pensando a L'Aquila*, Ca' Granda, Milano

iGuzzini, lampione / street lamp *Crown*

Manufacture de Sèvres, *Pianoforte Lirico*

Manufacture de pianos Pleyel, vetrine espositive / display cases *Art-présentoirs*

Design Gallery Milano, cassettiera / chest of drawers *Cavalcabò*

2010–2012

Intesa Sanpaolo, Gallerie d'Italia – Piazza Scala, Milano

Committente privato / Private client, Cappella di San Giacomo / Chapel of St. James, Auerberg

Fondazione La Triennale, ristrutturazione del / renovation of Teatro dell'Arte, Milano

2010–2013

Zambon, ampliamento dello stabilimento e / plant enlargement and Z Building, Vicenza

2011

Azienda Speciale Palaexpo, allestimento della mostra / design of the exhibition *Filippino Lippi e Sandro Botticelli*, Roma

Fondazione Zoè, installazione / installation *Torri dell'Aria*, Basilica Palladiana, Vicenza

2011–2012

Poltrona Frau, Poltrona Frau Museum, Tolentino

Comune di Milano, allestimento della mostra / design of the exhibition *Bramantino a Milano*, Castello Sforzesco, Milano

Rivista / Magazine *Interni*, installazione / installation *Belvedere*, cortile della / courtyard of Ca' Granda, Milano

Rubinetterie Stella SpA, rubinetti della serie / taps of the series *Titian*

Rubinetterie Stella SpA, rubinetti della serie / taps of the series *130*

2011–2013

Comune di Lodi, ampliamento scuola dell'infanzia / enlargement of kindergarten Giardino, Lodi

Banca Patrimoni Sella & C., uffici finanziari / financing offices, Palazzo Bricherasio, Torino

2011–2015

Alessi S.p.A., caffettiera / coffee pot *Pulcina*

2012

Mosca & Partners, installazione / installation *Concerto di gocce*, Museo della Musica, Bologna

Moschino, interni dei negozi / shop interiors, Milano, Roma, Moskva, Macao, Amman, Shanghai, Abu Dhabi, Hong Kong

Azienda Speciale Palaexpo, allestimento della mostra / design of the exhibition *Tintoretto*, Scuderie del Quirinale, Roma

Caimi Brevetti, pannello acustico / acoustic panel *Mitesco*

2012–2013

Rivista / Magazine *Interni*, installazione / installation *Sguardi indiscreti*, cortile della / courtyard of Ca' Granda, Milano

Caixa Forum, mostra itinerante / traveling exhibition *The Arts of Piranesi*, Madrid, Barcelona, San Diego

DePadova, sedia / chair *Donzella*

2012–2014

Alessi, vassoio / tray *Quattro muri e due case*

2012–2015

Intesa Sanpaolo, padiglione / pavilion The Waterstone, Expo Milano 2015, Milano

2013

Unicredit Business Integrated Solutions, interni degli uffici / interiors of offices Magazzini Generali, Verona

2013–2014

Italiana Costruzioni, restauro del / renovation of Belvedere della Villa Reale, Monza

Hermès, lampade / lamps *Harnais*

Hermès, lampade / lamps *Pantoghraphe*

2013–2015

Unicredit Business Integrate Solutions, UniCredit Pavilion, Milano

Autogrill, accesso a / access to Il Mercato del Duomo, Galleria Vittorio Emanuele II, Milano

Expo 2015, Padiglione Zero, Rho, Milano

Expo 2015, Expo Centre, Rho, Milano

Tea, Il Centro, Arese-Lainate, Milano

Tea, Centro Guida Sicura, Arese-Lainate, Milano

Finanziaria Internazionale Investments SGR, Pala Expo Venice, Marghera (Venezia)

Comune di Milano, Museo della Pietà Rondanini, Castello Sforzesco, Milano

Expo 2015, tavolo / table *Pangea*

2013–2016

Fondazione Pier Lombardo, *Bagni Misteriosi*, Milano

2013–2017

Associazione Casa Insieme Onlus, centro diurno per malati di Alzheimer / day-time center for Alzheimer patients, Salerano Canavese (Torino)

2013–2019

Poltrona Frau, stands, Salone del Mobile, Milano

2014–2015

Intesa Sanpaolo, restauro e allestimento museale della casa di / renovation and set up of the house-museum of Alessandro Manzoni, Milano

Zambon SpA, riconversione della mensa aziendale in uffici e biblioteca / conversion of the company canteen into offices and library, Bresso, Milano

Federlegno Arredo Eventi, installazione / installation *La Passeggiata* per / for Workplace 3.0, Salone del Mobile 2015, Milano

Fondazione La Triennale di Milano, allestimento della mostra / design of the exhibition *La bellezza quotidiana. Un percorso nella Collezione Permanente del Design Italiano*, Belvedere della Villa Reale, Monza

Veneta Cucine, cucina / kitchen *Credenza*

Riva 1920, sgabello / stool *Astrati*

Produzione Privata, lampada / lamp *Brunellesca*

Produzione Privata, tavolo / table *San Vigilio*

Cassina, poltroncina / seat *298* (Unicredit Pavilion Project)

Gebrüder Thonet Vienna GmbH, sedia / chair *Radetzky*

2014–2017

Fondazione Franco Moschini, Politeama, Tolentino

2014 – in corso / ongoing

Banca Sella Holding, sede / headquarters, Biella

2015 – in corso / ongoing

BNP Parisbas, residenze / residences Horti, Milano

2015

Olivier Bernstein – Premiers & Grand Crus, cantina vinicola / wine cellar, Beaune

UniFor, sistema di pareti, tavoli e sedute / system of walls, tables and chairs *Hatch*

UniFor, scrittoio / writing desk *Secretello*

2015–2016

Artemide, faretto / spotlight *Tycho*

e-distribuzione, contatore elettronico / electricity meter Enel Open Meter

2015–2017

Garage Italia Customs, ristorante e officina / restaurant and workshop, Milano

Triennale Design Museum, allestimento della mostra / design of the exhibition *Ettore Sottsass. There is a Planet*, Palazzo dell'Arte, Milano

2015–2018

Intesa Sanpaolo, restauro del terzo piano di / renovation of third floor of Palazzo Querini e allestimento della collezione / and set up of the collection of Carive, Fondazione Querini Stampalia, Venezia

2015–2019

Iper Montebello, Iper Maestoso, Monza

2015 – in corso / ongoing

Lungarno Alberghi, *Portrait Milano*, Lungarno Collection, Milano

2015–2020

Alessi, piccoli elettrodomestici / small household appliances *Plissé*

2016

UniFor, tavolo / table *Teamer*

2016–2018

JINS, collezione di occhiali / glass collection *We are all designers of ourselves!!!*

2017

Polo Museale del Lazio, allestimento della mostra / design of the exhibition *I labirinti del cuore. Giorgione e le stagioni del sentimento tra Venezia e Roma*, Castel Sant'Angelo – Palazzo Venezia, Roma

Artemide, stand, Salone del Mobile 2017, Milano

Rivista / Magazine *Interni*, installazione / installation *Lo Scalone*, cortile della / courtyard of Ca' Granda, Milano

Sygns GmbH, *Neon Light Sketches*

2017 – in corso / ongoing

Zambon, torri per laboratori e / towers for workshops and *Open Circle*, Bresso, Milano

Novartis, palazzo espositivo / exhibition building, Basel

2017–2018

Artesella, installazione / installation *Dentro Fuori*, Borgo Valsugana, Trento

Michelangelo Foundation e / and Fondazione Cologni per i Mestieri d'Arte, mostra / exhibition *Creativity and Craftsmanship* all'interno di / within *Homo Faber*, Cenacolo Palladiano, Venezia

Poltrona Frau, allestimento / design of *Connecting Experience*, showroom via Manzoni, Milano

Bottega Ghianda, servomuto / valet stand *Alfred*

2017–2019

Hakko Group Corporation Ltd, Rokkosan Silence Resort, Kobe, Hyogo

Zambon, sede uffici / headquarters Z-Life, Bresso, Milano

2018

Intesa Sanpaolo, caffetteria e ristorante / coffee shop and restaurant Vòce Aimo e Nadia, Milano

Design Gallery, collezione di oggetti, lampade e arredi / collection of objects, lamps, and furniture, Strutture Domestiche

Danese, tavoli / tables *Trespolone*, *Trespoletto*, *Trespolino*

Ricerca / Research Earth Stations Interactors, ricerca per nuove tipologie di edifici / research of new building typologies

2018–2019

MAXXI, installazione / installation *L'Anello Mancante*, MAXXI, Roma

Orto Botanico di Padova e Artesella, installazione / installation *Radici al vento testa nella terra*, Orto Botanico, Padova

2019

Listone Giordano, showroom Arena, Milano

AD World, allestimento della mostra / design of the exhibition *Earth Stations Many Hands*, AD World Showroom, Tokyo

Museo Novecento, allestimento della mostra / design of the exhibition *Paradigma. Il tavolo dell'architetto – Michele De Lucchi. Earth Stations*, Museo Novecento, Firenze

Iper Montebello, corporate idenitity Iper Monza Maestoso, Monza

Ricerca / Research Earth Stations Many Hands

2018–2020

Zirmerhof, Case del Prato, Hotel Zirmerhof, Redagno di Sopra, Bolzano

2019 – in corso / ongoing

Intesa Sanpaolo, Gallerie d'Italia – Piazza San Carlo, Torino

Intesa Sanpaolo, Gallerie d'Italia, Napoli

San Barbato Resort, Pavilion, Lavello

2019–2020

Produzione Privata, collezione di arredi / furniture collection *Zirmerhof*

Produzione Privata, kilim *Many Hands Make One*

2020

Post Pandemic Research

Ricerca / Research Earth Stations Education

Ricerca / Research Earth Stations Cultivation

AMDL CIRCLE, pp. 13, 14, 29, 35, 58, 59, 66, 87, 95, 140, 141, 143, 144; Archivio Alessi, pp. 108, 142; Amendolagine Barracchia, courtesy of iGuzzini Illuminazione, p. 38; Gabriele Basilico, pp. 185, 186, 189, 190; Marco Bello, p. 60; Giacomo Bianchi, pp. 24, 31, 32; Adriano Biondo, p. 36; Filippo Bolognese images, pp. 9, 10, 15, 16, 18, 123, 124, 127, 128, 132, 133, 134, 135, 139, 171, 172; Gabriele Buratto, Stefania Zeccoli, pp. 61, 62; Santi Caleca, pp. 107, 109, 110, 147, 148, 150, 213; Carlo Calore, p. 23; Paolo Carlini, p. 37; Paolo Carlini, courtesy of iGuzzini Illuminazione, p. 153; Mario Carrieri, pp. 17, 181, 182, 203, 204; Mario Carrieri, courtesy of UniFor, pp. 89, 90, 111, 120, 121; Pietro Carrieri, pp. 157, 158; Rocco Casaluci, pp. 11, 12; Alessandra Chemollo, pp. 47, 48, 71, 72, 73, 74, 75, 76, 78, 79, 80, 88, 122, 154, 167, 168, 191, 192, 201, 202; Franco Chimenti, pp. 155, 156; Gia Chkhatarashvili, pp. 6, 67, 68, 183, 209, 210; courtesy of Costruzioni Metalliche Santonicola, p. 106; Yann Deret, pp. 177, 178; Alessandro Digaetano, p. 44; Michele De Lucchi, pp. 112, 113, 114, 149, 184, 214; Pico De Lucchi, p. 57; courtesy of DePadova, pp. 39, 40; Elliott Erwitt, courtesy of Artmide, p. 211; Nevio Feruglio, p. 69; Massimo Gardone, pp. 21, 22; Francesco Garofoli, p. 94; Mario Greco, pp. 169, 170; Thomas Koller, pp. 85, 86; Saverio Lombardo Vallauri, courtesy of *Interni*, pp. 81, 82; Peppe Maisto, pp. 117, 118; Fabrizio Marchesi, p. 121; Andrea Martiradonna, pp. 125, 126, 165, 166; Giovan Battista Mercurio, p. 5; Angelo Micheli, pp. 151, 152; Cristian Michele Michelsanti, pp. 103, 104; Michele Nastasi, pp. 161, 162; Andrés Otero, pp. 205, 206; courtesy of Poltrona Frau, pp. 199, 200; Regina Recht, p. 101; Christian Richters, pp. 53, 54; courtesy of Riva 1920, p. 63, 115, 116; Luca Rotondo, pp. 25, 26, 77, 83, 84, 99, 100, 163, 164; Govin Sorel, pp. 41, 42; Silvia Suardi, p. 176; Luca Tamburlini, pp. 45, 46, 51, 52; Ruy Teixeira, pp. 7, 8, 173, 174, 193, 194, 207, 208; Tom Vack, pp. 19, 20, 33, 34, 65, 70, 91, 92, 97, 98, 105, 145, 146, 195; Federico Villa, pp. 27, 28, 49, 50; courtesy of Wood Beton, p. 196; Miro Zagnoli, pp. 55, 179; courtesy of Zintek, p. 93.

Concept
AMDL CIRCLE, Michele De Lucchi
e Angelo Micheli

Coordinamento / *Coordination*
Davide Angeli

Art Direction
Filippo Nicolini

Progetto grafico / *Graphic design*
Federica Cevasco, Filippo Nicolini

Archivio / *Archive*
Margherita Baetta, Cristina Moro

Traduzioni / *Translations*
Richard Peace, pp. 3-4, 136-138, 215

Un ringraziamento speciale a / *Special thanks to* Glen Cameron, Stefano Marzano, Roberto Monti, Pino Varchetta

Silvana Editoriale

Direzione editoriale / *Direction*
Dario Cimorelli

Art Director
Giacomo Merli

Coordinamento editoriale / *Editorial Coordinator*
Sergio Di Stefano

Redazione / *Copy Editor*
Emanuela Di Lallo

Coordinamento di produzione / *Production Coordinator*
Antonio Micelli

Segreteria di redazione / *Editorial Assistant*
Giulia Mercanti

Ufficio iconografico / *Photo Editors*
Alessandra Olivari, Silvia Sala

Ufficio stampa / *Press Office*
Lidia Masolini, press@silvanaeditoriale.it

Silvana Editoriale S.p.A.
via dei Lavoratori, 78
20092 Cinisello Balsamo, Milano
tel. 02 453 951 01
fax 02 453 951 51
www.silvanaeditoriale.it

Le riproduzioni, la stampa e la rilegatura sono state eseguite in Italia
Reproductions, printing and binding in Italy
Stampato da / *Printed by* Grafiche Aurora, Verona
Finito di stampare nel mese di gennaio 2021
Printed January 2021

IT Mettere l'uomo al centro della ricerca significa ricordare che, in quanto esseri umani, siamo parte della natura e che il nostro destino è strettamente connesso a quello del pianeta Terra: la realizzazione di nuovi oggetti ed edifici ha un senso solo se guidata simultaneamente dai principi della sostenibilità ambientale, sociale ed economica, che si estendono nello spazio e nel tempo.

Pensare l'architettura e il design con un approccio umanistico ci porta ad abbracciare la pluralità delle competenze e dei metodi disciplinari per arrivare ad avere una visione il più possibile omnicomprensiva della conoscenza. Nei nostri progetti coinvolgiamo esperti in diverse discipline umanistiche e scientifiche: colleghi, pensatori e amici che arricchiscono con le loro idee e le loro conoscenze il lavoro quotidiano dello studio. Il nostro approccio è necessariamente olistico e coniuga architettura, design, grafica e arte.

Ci impegniamo a costruire architetture che possano essere riprogrammate, tenendo conto delle esigenze delle prossime generazioni. In quest'epoca di continui cambiamenti, vogliamo essere visionari e immaginiamo di costruire luoghi pensati come metaforiche stazioni da cui partire verso destinazioni future. Perciò, la costante ricerca della qualità della vita, sia fisica che intellettuale, è il fondamento stesso del nostro lavoro di architetti.

Il nostro "umanesimo" vuole essere, prima di tutto, un atto di ottimismo.

EN Placing people at the center of our research means remembering that, as human beings, we are part of nature and our destiny is closely connected to the destiny of planet Earth: the creation of new objects and buildings has meaning only if it's simultaneously guided by principles of environmental, social, and economic sustainability, which extend through space and time.

Imagining architecture and design with a humanistic approach leads us to embrace a plurality of skills and disciplines in order to reach a vision that encompasses the greatest possible range of knowledge. We involve experts from an array of humanistic and scientific disciplines in our projects, including colleagues, thinkers and friends who enrich the daily work of the studio with their ideas and their knowledge. Our approach is necessarily holistic and brings together architecture, design, graphics, and art.

We are committed to constructing architectures that can be reprogrammed, taking account of the needs of future generations. In this age of continuous change, we seek to be visionaries and we imagine constructing places conceived as metaphorical stations from which to depart for as yet unknown destinations. Hence, the constant search for the quality of life, both physical and intellectual, forms the very foundation of our work as architects.

Our "humanism" seeks, first and foremost, to be an act of optimism.

AMDL CIRCLE celebrates its holistic and international vision of design by surrounding itself with talent people with expertise in the fields of architecture, interior design, product design and graphics.

In the CIRCLE, ideas are born and develop thanks to the conjunction of different contributions derived from a wide range of intellectual and philosophical competencies and approaches.

Michele De Lucchi • Paolo De Lucchi • Pico De Lucchi • Carlo De Mattia • Matteo Del Marco • Monica Del Torchio • Marco Della Torre • Emanuela Botter • Aida Bucci • Agnieszka Burdajewicz • Matthias Burhenne • Brigid Byrne • Michele Caja • Fabio Calciati • Massimo Canali • Francesco Carenzi • Sara Casartelli • Chiara Castellani • Giorgio Castelli • Eric Castets • Federica Cevasco • Stefano Chiabrera • Alessandro Chiarato • Alessandro Ciancio • Andrea Cocco • Francesco Codice • Nicoletta Colombo • Alvaro Conti • Cinzia Conti • Marco Corazza • Greta Corbani • Mara Corradi • Pietro Corraini • Michael Corsar • Laura Cunico • Nicola Cusman • Neri D'Alessandro • Alessandra Dalloli • Daniela Danzi • Nora De Cicco • Alessandra De Leonardis • Arturo De Lucchi

Eric Gottein • Lea Ivroni • Mercedes Jaen Ruiz • Santiago Jaen Ruiz • Heinz Jirout • Janos Katona

Theo Gonser • Pablo Gomez • Bruna Gnocchi • Alessandro Gillio • Marco Giesler • Hanno Giampietro • Paolo Ghiringhelli • Alessandro Gerhardt • Susanne Gatto • Annalisa Garofoli • Francesco Gargan • Elisa Furlan • Gabriella Fuller • Matthew Fromage • Paolo Fritze • Torsten Fraser • Kenneth Framba • Federica Forcella • Francesco Flego • Filippo Filippini • Giuseppe Figini • Silvia Fifield • Bruce Ferroni

Christian Hartmann • Hans Hoeger • Denise Houx • James Irvine • Federica Iula

Mario Rossi Scola • Stefan Samson • Katia Scheika

Mario Rossi • Michele Rossi • Daniele Rossi • Nathalie Rosseti • Greta Rosset • Vittorio Romano • Ermini Rizzotti

Lukas Scherer • Anna Schiaretti • Andrea Schiff

Casper D. • Steffen Schulz • Ali Ustun • Mario Trimarchi • Federico Tria • Christian Schneider • Katrin Schmitt-Tegge

Annelaure Lesquoy • Luca Lena • Sang Yeun Lee • Antje Le Petit • Frederic Le Court • Federico Letizia • Christine Licata • Luigi Ligotti • Antonio Macchi Cassia • Nicola Magli

Sergio Menichelli • Giovanni Battista Mercurio • Angelo Micheli • Matteo Nannucci • Alberto Na • Elena Naldi • Pierluigi Mutti • Markus Melzer

Giulia Pastore • Pasquini • Giusy Pedone • Paola Pedretti • Federico • Carlo Pintacuda • Manuela Pighetti • Sabrina Polito • Beatrice

Stefani • Silvia Suardi • Akiko Takaichi • Tadao Takaichi • Schwartz • Michel